二十四史

马上读 语文历史都进步

第八册
《旧唐书》

李海杰 主编

北京理工大学出版社
BEIJING INSTITUTE OF TECHNOLOGY PRESS

版权专有　侵权必究

图书在版编目（CIP）数据

二十四史马上读：语文历史都进步：函套共12册 / 李海杰主编．—北京：北京理工大学出版社，2023.10

ISBN 978－7－5763－2413－6

Ⅰ．①二… Ⅱ．①李… Ⅲ．①二十四史－青少年读物 Ⅳ．①K204.1-49

中国国家版本馆CIP数据核字（2023）第097057号

出版发行 /	北京理工大学出版社有限责任公司
社　　址 /	北京市丰台区四合庄路6号
邮　　编 /	100070
电　　话 /	（010）68944451（大众售后服务热线）
	（010）68912824（大众售后服务热线）
网　　址 /	http://www.bitpress.com.cn
经　　销 /	全国各地新华书店
印　　刷 /	唐山富达印务有限公司
开　　本 /	880毫米×1230毫米　1/32
印　　张 /	77.75
字　　数 /	1236千字
版　　次 /	2023年10月第1版　2023年10月第1次印刷
定　　价 /	398.00元（全12册）

责任编辑 / 李慧智
文案编辑 / 李慧智
责任校对 / 周瑞红
责任印制 / 施胜娟

图书出现印装质量问题，请拨打售后服务热线，本社负责调换

目录

旧唐书

高祖本纪 / 003
◎ 最"中庸"的开国皇帝

太宗本纪 / 009
◎ 千古一帝"天可汗"

则天皇后本纪 / 015
◎ 史上唯一的传奇女皇

玄宗本纪 / 021
◎ 开元盛世的开创者

宣宗本纪 / 027
◎ "小太宗"的"大中之治"

太宗文德皇后长孙氏列传 / 033
◎ "天可汗"的贤内助

玄宗杨贵妃列传 / 039
◎ 三千宠爱在一身的倾世贵妃

长孙无忌列传 / 045
◎ 凌烟阁第一功臣

房玄龄列传 / 051
◎ 唐太宗的首席智囊

杜如晦列传 / 057
◎ 英年早逝的名相

李靖列传 / 063
◎ 大唐第一名将

李勣列传 / 069
◎ 从草莽英雄到一代名将

魏征列传 / 075
◎ 犯颜直谏的知名贤相

狄仁杰列传 / 081
◎ 知人善任的贤相

姚崇列传 / 087
◎ 拯救时弊的宰相

宋璟列传 / 093
◎ 一身正气的宰相

张九龄列传 / 099
◎ 贤相与诗人

高仙芝列传 / 105
◎ 含冤而死的一代名将

郭子仪列传 / 111
◎ 再造华夏的赫赫名将

刘晏列传 / 117
◎ 大乱之后的理财能臣

颜真卿列传 / 123
◎ 以身殉国的书法大家

李泌列传 / 129
◎ 从白衣山人到当朝宰辅

李晟列传 / 135
◎ 力挽狂澜的中兴名将

陆贽列传 / 141
◎ 从首席笔杆子到中唐贤相

杜佑列传 / 147
◎ 宰辅与史家

裴度列传 / 153
◎ 愈挫愈勇的中兴名相

牛僧孺列传 / 159
◎ "牛李党争"的牛派领袖

李德裕列传 / 165
◎ 朋党领袖与晚唐名相

方伎列传 / 171
◎ "西天取经"的高僧玄奘
◎ 禅宗的创始人慧能
◎ 享誉世界的天文学家一行

突厥列传 / 180
◎ 马背上的汗国

回纥列传 / 186
◎ 令人头痛又不可或缺的盟友

吐蕃列传 / 192
◎ 青藏高原上的"甥舅之邦"

西戎列传 / 198
◎ 戒日王朝的佛教圣地天竺
◎ 碰撞与交流并存的大食

东夷列传 / 204
◎ "君子之国"新罗
◎ 唐文化的膜拜者日本

  《旧唐书》原名《唐书》，宋朝新修《唐书》问世后，才称为《旧唐书》。《旧唐书》从941年开始修撰，四年后修成，正好刘昫（xù，888—947年）担任宰相，便按惯例署了他的名字。《旧唐书》共二百一十四卷，包括本纪二十四卷，志三十卷，列传一百六十卷，没有表，是记载从唐高祖李渊至唐哀帝李柷（chù，618—907年）近三百年唐朝历史的纪传体断代史。

  《旧唐书》成书于五代乱世，在体例、内容上存在明显缺陷，宋仁宗便下令重修，是为《新唐书》。此后，《旧唐书》不再传世，直到明朝嘉靖年间，才重新刊刻，清朝时被列为"二十四史"之一。《旧唐书》成书时，距离唐朝灭亡很近，因此也保存了丰富的史料，记事详尽，具有独到的、不可抹杀的价值。

  刘昫，字耀远，冀州归义县（今河北省容城县）人，后晋宰相。

  刘昫风度翩翩，勤奋好学，年轻时就很有名声。后唐明宗时，他担任宰相，后唐废帝即位，负责监修国史。后晋出帝时，又担任宰相。按照惯例，宰相需监修国史，恰好《唐书》修成，他便成为署名作者。书成两年后，刘昫因病去世，终年六十岁。

高祖本纪

> 李渊（566—635年），字叔德，生于长安（今陕西省西安市）。唐朝开国皇帝，唐初政治家、军事统帅。死后庙号高祖。

最"中庸"的开国皇帝

李渊的祖父李虎是西魏名将、八柱国之一，北周建立之后，追封李虎为唐国公。李渊七岁时袭封唐国公的爵位，唐朝的国号便来源于此。

李渊是独孤皇后的外甥，从小练习骑射，功夫了得，深受姨父隋文帝的器重。长大之后，为人宽厚洒脱，喜欢结交朋友。北周时期，大臣窦（dòu）毅有个女儿，才貌双全。为了给女儿选婿，窦毅在屏风上画了两只孔雀，约定谁能射中孔雀的眼睛，便将爱女许配给谁。参与比试的有几十人，都不符合要求。李渊后到，连射两箭均中，一举夺得

▲ 李渊雀屏中选

美人心。"雀屏中选"的典故就出于此。

　　隋炀(yáng)帝即位后,对外频频征讨,对内骄奢淫逸,引发了各地的农民起义。李渊也由文职转任武职,负责督运粮草、平定盗贼、防御突厥,忠心耿耿地为朝廷办事。

　　有一次,李渊来到龙门县,刚好遇到当地人聚众起义,李渊立即领兵出击,一人连射七十箭,箭无虚发,发发命中。敌人见到如此神射,惊为天人,纷纷溃逃。

　　不管李渊如何努力镇压,农民起义的烽火已经蔓延全国。隋炀帝生性多疑,此时更是因为猜忌而滥杀功臣。李渊不断立下功劳，官位也步步高升，但他丝毫不敢懈怠，生怕引起隋炀帝的疑心。

617年，李渊正式担任太原（今山西省太原市）留守，成为当地最高军政长官。有一次，他的副将在抵御突厥的战斗中失败，隋炀帝下令抓捕李渊、斩杀副将，不久又下令赦免二人。李渊受此惊吓，加速了反隋的准备。

紧接着，李渊的部下刘武周发动叛乱，隋炀帝闻讯大怒，决定抓捕李渊治罪，李渊十分惊恐，但隋炀帝再次赦免了他。李渊的儿子李世民早就嗅出了危机，极力劝谏他起兵。同时，他的心腹们也纷纷建言，李渊这才下定决心。

李渊以征讨刘武周为由，公开招兵买马。两位太原城副留守是隋炀帝的亲信，见此情形，认定李渊要谋反。两人借口天旱，定计邀请李渊父子到晋祠祈雨，准备趁机杀了他们。李渊提前知道了阴谋，先发制人，以勾结突厥的罪名将两人抓捕。两天后，突厥大军果然前来进攻，李渊便将两人斩首，正式起兵。

起兵后，李渊派使者联合突厥，得到了突厥可汗的支持，解决了后顾之忧；又开仓放粮赈济百姓，远近百姓纷纷归附，实力再次扩充。

李渊率军南下，准备夺取关中之地，然后直取京城长安。隋军守将宋老生带领几万精锐，驻扎在霍邑（今山西省霍州市）阻击李渊。而天公此时也不作美，连续下雨，道路泥泞，士卒疲劳，军队断粮。

李渊心生犹豫，准备撤军，李世民见父亲如此优柔寡断，力主进军，认为如果军心动摇，后果不堪设想。李渊醒悟，终于决定继续进军。后来雨过天晴，李渊指挥军队一鼓作气斩杀宋老生，拿下霍邑。

起兵仅仅五个月之后，唐军便攻占了长安城。李渊拥立杨侑（yòu）为帝，自任相国。又过了五个月，隋炀帝在南方被杀，李渊趁机迫使杨侑下诏禅位，在长安称帝，国号唐，史称唐高祖。

李渊虽然称帝，但全国仍然是群雄割据的形势。为尽早统一全国，他制定了稳固关中、扫荡北方、收取南方的战略方针，派遣三个儿子频频出征，逐步平定了各地割据势力。

在此过程中，秦王李世民战功最大，声望不断提高，身为太子的李建成感到危机重重。624年，李建成联合齐王李元吉，准备除掉李世民。

李世民提前获悉了阴谋，先下手为强，发动了著名的"玄武门之变"，将两人射杀。李渊见三个儿子仅存秦王，且秦王大势已成，于是下诏册立他为太子，自己退位当太上皇。

635年，唐高祖李渊驾崩于长安大安宫，享年七十岁。

旧唐书·高祖本纪

高祖的姨父是隋文帝，表弟是隋炀帝，儿子是唐太宗，基于前后几位帝王的大名鼎鼎，他作为唐朝的开国之君，不仅没什么知名度，就连他的能力和功业，都被大大低估而显得那么中庸，那么平凡。

经典原文与译文

【原文】时炀帝多所猜忌，人怀疑惧。会有诏征高祖诣行在所，遇疾未谒（yè）。时甥王氏在后宫，帝问曰："汝舅何迟？"王氏以疾对，帝曰："可得死否？"高祖闻之益惧，因纵酒沉湎（miǎn），纳贿以混其迹焉。
——摘自《旧唐书·卷一》

【译文】当时隋炀帝经常猜忌群臣，人人心怀疑惧。恰逢有诏令征召唐高祖赶赴皇帝所在地，遇到高祖生病无法谒见隋炀帝。当时高祖的外甥女王氏在后宫，炀帝问她说："你的舅舅为什么迟迟不来？"王氏说他生病了，炀帝说："会不会病死了呢？"高祖听说了此事，更加恐惧，因此沉迷于纵酒，收受贿赂来自污。

雀屏中选：雀屏，画有孔雀的屏风。让求亲者连射两箭，能射中孔雀的两眼，就算求婚成功。意思是选女婿。

深谋远虑：谋，谋略；虑，思虑。意思是计划得很周密，考虑得很长远。

旧唐书·太宗本纪

太宗本纪

> 李世民（598—649年），祖籍陇西郡成纪县（今甘肃省秦安县），唐朝第二代皇帝，在位二十三年。我国历史上卓越的军事家、政治家。死后庙号太宗。

● 千古一帝"天可汗"

李世民是唐高祖李渊的二儿子。四岁那年，有人给他算命，说他有"龙凤之姿，将来一定可以济世安民"，所以高祖给他取名"世民"。

李世民少年勇武，聪明异常。当时，突厥是北方草原的霸主，常常袭扰隋朝边地。615年，隋炀帝北巡，被闻机而动的突厥骑兵包围在雁门关，只好号令天下兵马前来救援。

十八岁的李世民也在救援队伍当中，他对主将说："现在是敌众我寡，我们肯定不是突厥骑兵的对手。我们只能大张旗鼓,让军旗连绵数十里,令突厥人以为我们大军云集,才能吓走他们。"主将采纳了李世民的建议。突厥可汗果然以为隋军的大队人马到了,便撤军逃跑。李世民一举成名。

隋炀帝大兴土木,兴建洛阳城(今河南省洛阳市),挖掘运河,又屡次征伐高丽(lí)失败,导致民不聊生,起义军四起,隋王朝风雨飘摇。李世民敏锐地觉察到这一点,果断劝高祖起兵。

起兵之后,李世民亲自带兵,独当一面。他精选了三千五百名士兵,都穿黑衣黑甲,叫作"玄甲兵"。每次作战的时候,李世民都身先士卒,带领着玄甲兵像一阵黑色旋风冲进敌阵,把敌人冲得东倒西歪,身后的大军趁机掩杀,攻无不克,战无不胜。

李世民先后带兵战胜薛举、宋金刚、刘武周等割据势力,消灭了北方各地的军阀。618年,高祖建立唐朝,李世民被封为秦王。

此时,中原地区只剩下王世充和窦建德两股割据势力,平定他们的重任又落在了李世民身上。李世民先是击败王世充,把他的部队团团包围在洛阳城中。王世充向窦建德求救,窦建德带领十万大军前来救援。

唐军将领担心遭到这两股力量的夹击,都劝说李世民退兵。不料李世民轻松地说:"正好把这两股力量一起消灭，省得我还要劳军远征！"大家听完之后目瞪口呆。

李世民先是引兵回到虎牢关，等到窦建德的军队到来之后，高踞不出。直到窦建德的军队开始懈怠，李世民才带着玄甲兵开关出战，直扑敌营。在他的身后，唐将史大奈、程知节、秦叔宝等人也都紧紧跟随。

很快，李世民突入窦建德军营的阵后，竖起了唐军的旗帜。窦建德的士兵纷纷投降，窦建德也被俘虏。洛阳城中的王世充看到这种情况，吓得心惊胆寒，只好献城投降。这就是历史上著名的"虎牢关之战"。

凭借着巨大的军功，李世民被唐高祖封为"天策上将"，引起了太子李建成的嫉恨。他担心李世民会夺走自己的位子，于是联合三弟李元吉，准备一起对付李世民。

李世民提前得知了消息，预先在玄武门发动兵变，杀死了李建成和李元吉。李渊没有办法，只好册封李世民为皇太子；到了第二年，干脆把帝位禅让给李世民，自己做太上皇。李世民就是唐太宗。

唐太宗登基之后，重用人才。他有两个宰相，一个是房玄龄，谋略过人；一个是杜如晦，善于决断，这两个人被称为"房谋杜断"。还有一个著名的大臣就是魏征。

魏征向来铁骨铮铮，敢于当面指出唐太宗的错误，先后有两百次之多。有时候，唐太宗被魏征给指责得非常恼火,恨不得马上杀死魏征。但到了第二天,他的恼火却又烟消云散,再次喜笑颜开地听从魏征的建议。魏征死后,唐太宗非常惋惜,说道:"用铜做成镜子,可以用来整齐衣帽;把历史作为镜子,可以知道历朝历代的兴衰;把人比作镜子,可以知道自己的行为得失。魏征死了,我失去了一面镜子啊!"

在治理国家上,唐太宗采用三省六部制,恢复均田制,沿用隋朝的科举制,轻徭薄赋,提倡节俭,鼓励生产。唐朝的政治、经济、文化等各方面都得到了空前发展,国家强大,百姓富庶。唐太宗的年号是"贞观(guàn)",后世把这个时期叫作"贞观之治",是我国两千多年封建社会的黄金时期。

不过,草原霸主突厥还经常袭扰唐朝的边境。629年,唐太宗派大将李靖带兵十万,分道进击。第二年,击破东突厥,生擒颉(jié)利可汗,煊(xuān)赫一时的东突厥灭亡。646年,太宗又派兵击败薛延陀部。

太宗认为"胡越中华是一家",爱护这些少数民族就像自己的子女一样,采用怀柔政策来治理他们。回纥(hé)、拔野古、同罗等西北地区的少数民族部落都心悦诚服,自称为"唐民",给太宗奉上了尊号"天可汗",就是天下所有人至高无上的可汗。641年,太宗把文成公主嫁给了

▲ 唐太宗被尊为"天可汗"

吐蕃赞普松赞干布,这就是"文成公主入藏",成为历史上的一段佳话。

649年,唐太宗病死在翠微宫含风殿,千古一帝为自己的人生画上了完美的句号,成为后世帝王的榜样。

经典原文与译文

【原文】有高阳贼帅魏刀儿,自号历山飞,来攻太原。

高祖击之，深入贼阵。太宗以轻骑突围而进，射之，所向皆披靡，拔高祖于万众之中。——摘自《旧唐书·卷二》

【译文】有个高阳的反贼头领魏刀儿，自己号称历山飞，前来进攻太原城。唐高祖李渊进攻他，深陷贼军阵营。唐太宗带领轻骑兵突围而进，射击反贼，所到之处贼军纷纷溃败，从万众之中救出了唐高祖。

兼听则明，偏信则暗：兼听，多方面听取；明，明辨是非；暗，昏暗，糊涂。听取多方面的意见才能明辨是非，只听信一方面的话就会是非不分。形容只有多听取各方面的意见，才能正确认识事物；只听信单方面的话，会导致片面性的错误。

则天皇后本纪

> 武则天（624—705 年），后改名武曌（zhào），并州文水县（今山西省文水县）人。唐朝政治家，武周开国皇帝，我国历史上唯一一位正统的女皇帝，也是即位时年龄最大、寿命最长的皇帝之一。

● 史上唯一的传奇女皇

武则天的父亲早年认识唐高祖，并赞助高祖起兵，因此名列开国功臣之一，跻身朝廷高官，得以与皇室保持密切联系。

武则天十四岁时，已经出落得亭亭玉立、满腹才华。唐太宗听说了她的名声，征召她入宫。武则天入宫前，寡居的母亲十分不舍，武则天说："有机会侍奉圣明的天子，哪里知道不是福分？为什么要哭哭啼啼，做出小儿女的姿态？"

入宫后,武则天被册立为才人,赐号"武媚"。唐太宗有一匹骏马叫作狮子骢(cōng),长得十分强壮,性子暴躁,无人能驯服。

有一次,太宗问众人谁能驯服它,武则天恰好在旁边,就说:"我能驯服它,但需要三件东西:一根铁鞭,一个铁锤,一把匕首。如果用铁鞭抽打,它不服,就用铁锤敲击脑袋,如果还不服,就用匕首刺进它的脖子。"太宗很是欣赏武则天的勇气。

武则天当了十二年的才人,没有得到唐太宗的宠爱。后来,太宗病重,太子李治频频入宫侍奉,在病房中认识了武则天,两人暗生情愫。太宗去世后,李治即位,是为唐高宗,而武则天按照惯例削发为尼。

一年之后,高宗前往寺庙上香,巧遇武则天,两人旧情重燃。高宗全然不顾朝臣反对,执意将武则天接回宫,册封她为昭仪。貌美机智的武则天迅速独占皇帝的宠爱,仅仅五年时间,便当上了皇后,主宰后宫。

唐高宗即位十年之后,得了风眩病,精明能干的武则天便帮他处理政务,样样有条不紊,高宗非常满意,索性将朝政全部交给她处理。武则天掌控实权之后,前朝与后宫遍布她的心腹,风格也越来越专断。

有一次,宰相秘密劝谏高宗废除皇后,收回大权,高宗深以为然。不料事情败露，武则天立即赶到高宗面前责问："这是怎么回事？"高宗结结巴巴地说："我本来没这个意思，都是宰相让我干的。"不久，武则天以谋反罪杀掉宰相。从此之后，每当高宗上朝，武则天就垂帘坐在后面，朝廷上下尊称他们为"二圣"。

高宗去世后，儿子李显即位，是为唐中宗，尊武则天为皇太后。中宗为了巩固自己的地位，大力扶持皇后韦氏的亲戚，武则天大怒，废除了中宗，册立另一个儿子李旦为帝，是为唐睿（ruì）宗，武则天临朝称制，裁决政事。

拥护李唐王朝的大臣徐敬业，以帮助唐中宗复位为借口起兵造反，请当时的著名文人骆宾王写檄（xí）文。骆宾王文采飞扬，写下了千古名篇《为徐敬业讨武曌檄》，读者无不为之泪下，具备极强的煽动力。

武则天见到檄文，不但没有怪罪骆宾王，反而说："这么有才华的人，却让他流落为反贼，这是宰相的过失啊！"她派出三十万大军征讨徐敬业，仅仅两个月就平定了叛乱。

为了进一步巩固地位，武则天规定人人可以告密，一时间人人自危。武则天又借机大力任用酷吏，残酷清除了反对力量，尤其是李唐宗室子孙。

690年，武则天不满足于垂帘听政，便索性废掉唐睿宗，

▲ 武则天称帝

　　正式登基称帝，改国号为周。为了笼络人心，武则天改革科举制，首开殿试，创立武举、自举、试官等多种选拔制度，吸纳了很多人才进入朝廷。

　　武则天两度提拔名臣狄仁杰为宰相，尊称他为"国老"，特许狄仁杰在朝堂上不用下拜，说："每次见你弯下身子朝拜，我的身子也十分痛苦，不能让你受这个罪。"又特意嘱咐宫人："夜里不要让狄国老留守宫中值班。"还要求各位大臣说："以后如果不是特别重要的军国大事，不要去打扰狄国老。"

705年，八十二岁的武则天病倒，宰相张柬（jiǎn）之等人拥立太子李显发动政变，逼迫她退位，武则天被迫同意。临终前，武则天收回了对政敌及其子孙的迫害，取消自己的皇帝称号，改称则天大圣皇后，死后与丈夫高宗合葬于乾陵。

奇怪的是，武则天高高的墓碑上空无一字。也许是她自负功高德大，非文字所能表达，也许是她自知罪孽深重，不写碑文为好。

不管怎样，一代女皇的传奇人生在我国历史上留下了浓墨重彩的一笔：谁说女子不能治国安邦？

经典原文与译文

【原文】高宗称天皇，武后亦称天后。后素多智计，兼涉文史。帝自显庆已后，多苦风疾，百司表奏，皆委天后详决。自此内辅国政数十年，威势与帝无异，当时称为"二圣"。——摘自《旧唐书·卷六》

【译文】高宗号称天皇，武后也号称天后。武后向来足智多谋，兼通文史。高宗从显庆年间以后，经常苦于风疾，

百官上奏表章，都委托武后审决。从此在宫内辅政数十年，威势与皇帝没有区别，当时号称为"二圣"。

曌： 武则天即位的前一年，改名曌，意为"日月当空"。

无字碑： 唐高宗、武则天合葬的乾陵之前，并立两块巨大的石碑。西侧的叫"述圣碑"，由武则天亲自撰写碑文，歌颂高宗的功德；东侧的便是无字碑，是武则天为自己所立，碑上空无一字。

玄宗本纪

旧唐书·玄宗本纪

> 李隆基（685—762年），出生于东都洛阳（今河南省洛阳市）。唐朝第七位皇帝，也是在位时间最长的皇帝。杰出的政治家、音乐家。死后庙号玄宗。

● 开元盛世的开创者

李隆基是唐睿宗李旦的第三个儿子，祖母是女皇武则天。李隆基从小就英明果断，多才多艺。童年、少年时代，李隆基目睹了父亲被废除皇帝之位，以及祖母的强势、一家人所经历的种种政治风波与迫害。

武则天去世后，李隆基的伯父唐中宗即位，仅仅过了五年，就被自己的皇后韦氏与女儿合谋毒死。韦皇后也想效仿武则天做女皇帝，李隆基果断决定发动政变。政变前夕，有人劝李隆基先请示父亲李旦，李隆基慨然说道："这件事如果成功，功在社稷；如果失败，我愿为忠孝而死。

怎么可以先请示父亲，让他担心呢！"等消灭韦皇后势力后，李隆基才去向李旦请罪。李旦激动地抱住李隆基，称赞他平定祸乱，立了大功。不久，李旦即皇帝位，是为唐睿宗。李隆基由于之前的功劳，被册封为太子。

两年后，唐睿宗传位于李隆基，是为唐玄宗。玄宗的姑母太平公主，也和母亲武则天一样热衷于权力，企图谋反。玄宗先发制人，消灭了太平公主及其同党。

此后，唐玄宗完全掌控了朝政。当时，因为国家内部频频发生政变，朝廷元气大伤，吏治腐败。玄宗想要拨乱反正，大展宏图，当务之急就是任命一位贤明能干的宰相。为此，他专门召见了曾经两次担任宰相、后来被贬为地方官的姚崇，经过深入交谈，决定任命他为宰相。但姚崇迟迟不肯谢恩表态，玄宗感到十分诧异。姚崇说："臣向陛下报告十条施政方针，陛下如果觉得不可行，恕臣无法从命。"玄宗当即痛快地表示："朕全部能够实行。"姚崇这才同意走马上任。

有一次，姚崇向唐玄宗请示官员任免，玄宗顾左右而言他，始终不谈正题。姚崇十分惊恐，再三请示，玄宗都一言不发，只好退出来。宦官高力士对玄宗说："陛下刚刚即位，大臣有事请示，应该表态。"玄宗却说："我把朝政委托给姚崇，军国大事固然需要我参与处理，像任免官员这种小事，还需要麻烦我吗？"高力士将玄宗这番话告诉姚崇后，姚崇这才放心大胆地处理起朝政来。正是由于唐玄宗给予姚崇充分的信任，让他放开手脚发挥自己的才干，在整顿吏治、提拔人才、抑制权贵、发展生产等方面都取得了良好成效。

姚崇之后，唐玄宗先后任命宋璟（jǐng）、张说（yuè）、张九龄等人为宰相，在经济、军事、文化等方面实施改革，使唐朝的综合国力达到鼎盛，史称"开元盛世"。

725年，群臣请求唐玄宗封禅泰山，向上天报告自己的辉煌成就。在历史上，只有秦始皇、汉武帝等功高盖世的皇帝才有封禅泰山的资格。玄宗再三推辞后，才答应群臣的请求，举行了盛大的封禅仪式。他问礼部官员："前代帝王封禅玉牒（dié）上的文字，为什么都秘而不宣呢？"玉牒就是用来书写祷词的玉片。礼部官员回答："前代帝王要么祈求长生不老，要么祈求得道升仙，因此不想让外人知道。"玄宗说："朕封禅泰山，是为天下苍生祈福，没有私心，应该将玉牒公之于众。"玉牒公布后，果然都是为苍生祈福的内容。

当了几十年太平天子后，唐玄宗晚年逐渐骄傲自满，每天与宠爱的杨贵妃嬉游玩乐，不再亲自处理朝政，而是交给奸相李林甫和杨国忠处理，最终引发"安史之乱"。

▼ 唐玄宗泰山封禅

旧唐书·玄宗本纪

唐玄宗仓皇离开京城长安，逃往蜀地（今四川省）避难，大唐王朝也由盛转衰。

唐玄宗不仅富有政治才能，还精通音律。他曾在宫中教坊——梨园教授歌伎，并且创作了著名的《霓裳（ní cháng）羽衣曲》，被后世尊为梨园行的祖师。

"安史之乱"平定后，唐玄宗重新回到长安，郁郁寡欢地度过了人生最后的时光，于762年病逝，终年七十八岁。

后世评价说："唐朝是中国历史上最辉煌的乐章，开元盛世就是这个乐章中的最强音。"

经典原文与译文

【原文】朔望车骑至朝堂，金吾将军武懿宗忌上严整，诃排仪仗，因欲折之。上叱之曰："吾家朝堂，干汝何事？敢迫吾骑从！"则天闻而特加宠异之。——摘自《旧唐书·卷八》

【译文】李隆基每月初一、十五日乘车到朝堂，金吾将军武懿宗恨他的仪仗威严整齐，厉声责备仪仗队的人马，想要压制他。李隆基斥责他说："这是我家的朝堂,关你什么事?胆敢欺压我的随从!"武则天听说后更加宠爱李隆基,觉得他异于常人。

绿衣使者: 原指鹦鹉,近代称邮递员。

虚有其表: 空有好看的外表,实际上不行。指有名无实。

宣宗本纪

> 李忱（chén）（810—859年），生于长安大明宫。唐朝第十六位皇帝（不含女皇武则天），杰出的政治家。死后庙号宣宗。

"小太宗"的"大中之治"

李忱是唐宪宗的第十三个儿子，从小为人持重，沉默寡言，而且目光呆滞，以至于皇宫里的人都以为他是痴呆。十二岁时，被哥哥唐穆宗封为光王。

李忱十多岁时，生过一场大病，病势一天比一天沉重。突然有一天，有光辉照耀他的全身，他马上从床上跃起，端正身体，行拱手礼，就像对待臣子一样。在一旁服侍的乳母见了，认为他得了心病。穆宗闻讯，过来看望弟弟，抚摸着他的后背说："这个孩子是我家的英明人物，并没有得心病。"

李忱所处的时代,已经是晚唐,朝廷有宦官擅权,地方有藩镇割据,双方经常掀起血腥的斗争,政治局势十分险恶。李忱的哥哥穆宗去世后,他的三个侄子敬宗、文宗、武宗先后即位,但三人都缺乏执政能力,而频繁更替帝位,更助长了宦官们的气焰。李忱害怕遭遇不测,更加隐晦不露。

846年,唐武宗驾崩,宦官们为了更好地把持朝政,认为拥立这位痴呆无能的皇叔,容易控制。于是李忱登基,是为唐宣宗,年号大中。

唐宣宗即位后,很快表现出不同于以往的一面:立即罢免了宰相李德裕,彻底结束了长达几十年的"牛李党争";接见群臣、处理朝政时,表现都十分得体,丝毫看不出痴呆者的影子。人们这才知道,他此前一直在韬光养晦。

早在"安史之乱"期间,吐蕃趁唐朝忙于平定叛军,无暇西顾,逐渐侵占了西北地区的大片国土。唐朝国力衰弱,一直无力收复失地。这些地区的人民不满吐蕃的残暴统治,十分渴望回到唐朝的怀抱。后来,吐蕃内部发生了长达十年的严重内乱,各方混战不休,再也无力控制这些地区。恰逢唐宣宗励精图治,唐朝国力大增,使西北地区的人民重新燃起了希望。

849年,被吐蕃占领的三个州、七个重要关隘主动脱离吐蕃,归附大唐。仅仅过了两年,沙州(今甘肃省敦煌市)豪族张议潮也趁机收复了沙州,派使者历尽重重险阻,将消息上报朝廷。随后,张议潮招兵买马,在不到一年的时间里连续收复十个州,并派遣自己的哥哥来到长安,进献十一州的地图。至此,已被吐蕃占领百年之久的河湟故土全部收复,唐宣宗感慨地说:"父皇生前想要收复河湟地区,未能如愿。我如今可以告慰他的在天之灵了!"

唐宣宗收复了大片失地,声誉大振,但并未因此骄傲自满。宣宗把唐太宗的名言"至乱未尝不任不肖,至治未尝不任忠贤"作为自己的座右铭,还将《贞观政要》书写在屏风上,朝夕讽咏,对太宗、魏征君臣遇合的故事十分向往。后来,宣宗得知魏征的五世孙魏謩(mó)也敢于直言进谏,便任命为宰相,并说:"魏謩有他先祖的风范,我打心里看重他。"

此外,唐宣宗对地方官的任用尤为重视,每次任命地方最高长官刺史时,都亲自考察人选。他解释说:"假如刺史用人不当,就会为害百姓。所以我要亲自接见,问问他们准备怎样施政,以判断能否胜任。"为了不被地方官蒙骗,宣宗专门命令翰林学士编写了一本囊括各地风土人情、民生利弊的书,并将所有内容熟记于心。有一次,大

▲ 唐宣宗重用魏謩

臣薛弘宗被任命为邓州（今河南省邓州市）刺史，进宫接受质询，宣宗将邓州的情况说得头头是道，令薛弘宗非常吃惊。

尤为难得的是，唐宣宗对子女的要求也十分严格。有一次，驸马的弟弟得了重病。宣宗派宦官前去探望，结果发现公主不在家，而是跑去看戏。宣宗勃然大怒，叹道："怪不得士大夫家都不愿意和我皇家的女儿结婚，原因在这里啊！"命人将公主召进宫里责罚。公主见父皇发怒，哭着请求原谅。宣宗批评她说："丈夫的弟弟身患重病，你却跑去看戏,哪有这样的道理!"从此公主再也不敢仗势凌人。

859年,唐宣宗去世,终年五十岁。由于宣宗在位期间政治清明,国势振兴,出现中兴之象,被史家称为"大中之治",成为大唐王朝最后一抹灿烂的晚霞,他因此博得了"小太宗"的美誉。

经典原文与译文

【原文】十余岁时,遇重疾沈(chén)缀,忽有光辉烛身,蹶(jué)然而兴,正身拱揖,如对臣僚。乳媪(ǎo)以为心疾,穆宗视之,抚其背曰:"此吾家英物,非心恙也。"赐以玉如意、御马、金带。——摘自《旧唐书·卷十八》

【译文】宣宗十几岁时,得了重病很久都没治愈,忽然有光辉照满全身,他猛地坐起来,端正身体行拱手礼,如同面对臣子的样子。乳母以为是心疾发作,哥哥唐穆宗来看他,拍着他的后背说:"这是我家的英明人物,并不是犯了心疾。"赏赐给他玉如意、玉马、金带等物品。

毛发洒淅：洒淅，颤抖的样子。身体的毛发都在颤抖。比喻紧张、害怕。

禁中颇牧：禁中，宫中；颇、牧，战国名将廉颇、李牧。比喻宫廷侍从官中文才武略兼备的人。

破天荒：天荒，荒凉落后的地区。唐朝时指湖南地区。指从来没有出现过的事，或者第一次出现的事物。

太宗文德皇后长孙氏列传

> 长孙氏（601—636年），鲜卑族，祖籍洛阳。唐太宗皇后，唐高宗之母。死后谥号文德皇后。

◉ "天可汗"的贤内助

长孙氏的祖先是北魏的宗室之长，北魏孝文帝改革时，特意赐姓长孙。长孙家族世代人才辈出，长孙氏的父亲便是隋朝名将长孙晟（shèng）。长孙氏自幼便接受了良好的教育，熟读诗书，谨守礼仪。

长孙晟的哥哥与唐高祖夫妻早年间就认识，十分佩服高祖的妻子窦氏见识不凡，认为她培养的儿子一定很优秀，就劝长孙晟与李家结为儿女亲家。

长孙晟去世后，由长孙氏的舅舅积极促成，把她许配给高祖的二儿子唐太宗，从此开始了他们相知相爱、互敬互信的一生。

长孙氏嫁给太宗之后,对公婆十分孝顺,后来又主持家政,将唐国公府打理得井井有条,很快赢得了贤德的名声。等到高祖建立唐朝,太宗功勋卓著,威望很高,太子李建成感受到了威胁,经常在高祖面前说他的坏话。长孙氏常常入宫服侍高祖,始终恪尽孝道,深得皇帝公公的认可,她便趁机缓和他们父子兄弟之间的关系。

后来,李建成和太宗的明争暗斗,终于演变成骨肉相残的"玄武门之变"。政变爆发前夕,长孙氏深知事情已经无可挽回,便义无反顾地站在丈夫身边,鼓励他放手一搏,并且亲自鼓舞军士奋勇作战,众人深受感动。

唐太宗即位后,册立长孙氏为皇后。长孙皇后的哥哥长孙无忌与太宗是布衣之交,太宗对他特别信任,想任命他为宰相。

长孙皇后劝阻说:"我在后宫已经非常尊贵,实在不希望娘家人再做高官。汉朝的吕后就是前车之鉴,请陛下不要让我的哥哥做宰相!"但太宗不听,坚持任命长孙无忌为宰相。长孙皇后见阻止不了丈夫,便私底下多次劝哥哥辞职,太宗实在没办法,只好收回成命。

长孙皇后教育儿子也非常严格。太子李承乾的乳母经常向长孙皇后抱怨太子宫里的生活器具不够用,请求多赏

▲ 长孙皇后劝谏唐太宗

赐一些。长孙皇后不答应，对乳母说："作为太子，担忧的是品德不能树立，名声不能远扬，为什么要为缺少器皿用具担忧呢？"

对于触怒唐太宗的大臣，长孙皇后则尽力维护。有一次，唐太宗散朝回宫，怒气冲冲地说："总有一天，我要杀了这个乡巴佬！"长孙皇后连忙询问太宗生气的原因。太宗告诉她，大臣魏征总是当众让自己难堪，实在太可恨了！

长孙皇后一言不发地回到内室，过了一会儿，身穿盛装走出来，对唐太宗说："恭喜陛下！"太宗大惑不解，问她喜从何来。长孙皇后说："我听说只有君主贤明，臣子才敢直言进谏。现在魏征那么刚直，正好表明陛下是一位明君！难道这还不值得庆贺吗？"太宗听后心情大好，更加重视魏征。

后来，长孙皇后得了重病，太子李承乾悄悄对她说："世间的药都用遍了，母后还是不见好转。儿臣想让父皇大赦囚徒，祈求上天保佑您早日康复。"

长孙皇后连忙制止说："生死有命，不能强求。假如做善事能够延长寿命，我从来没做过坏事。假如不能，又何必祈求上天呢？况且赦免囚犯是国家大事，怎么能因为我一个人扰乱朝廷法令呢？"大臣们知道这件事后非常感动，请求唐太宗大赦囚犯，为皇后祈福。但长孙皇后坚决不同意，太宗只好作罢。

长孙皇后临终时，正赶上宰相房玄龄被免职，她劝唐太宗说："房玄龄追随陛下的时间最长，一直小心谨慎，他参与谋划的机密要事，从未泄露过一句。如果不是太大的罪过，陛下千万不能抛弃他！"这是她一生当中仅有的一次议论朝政。

随后，长孙皇后向太宗交代身后事："我的娘家人因为姻亲关系才得到陛下的重用，品德、才能都不出众，这很危险。请陛下不要赋予他们太大的权力,只有这样才能长保平安。我活着时没有什么贡献,死后葬礼千万不要铺张浪费。"

636年,长孙皇后病逝,年仅三十六岁。唐太宗伤心地说:"皇后生前经常规劝朕,使朕纠正了很多过失。如今朕失去了这位贤内助,再也无法听到她的忠告了,真令人感到悲伤啊!"

长孙皇后为太宗生了三个儿子:太子李承乾、魏王李泰和晋王李治。她去世之后,太宗把对她的眷恋之情倾注到儿子身上。唐太宗曾对李承乾寄予厚望,不料他却走上了谋反的歧途;李泰见李承乾的太子之位岌岌可危,便暗中结交大臣,企图取而代之。最后,失望透顶的唐太宗废黜了他们两人,册立长孙皇后的第三个儿子李治为太子,这就是唐高宗。

长孙皇后贤惠善良,德才兼备,与唐太宗相濡以沫,休戚与共,被后世推为贤后的典范。

经典原文与译文

【原文】太子承乾乳母遂安夫人常白后曰:"东宫器

用阙少,欲有奏请。"后不听,曰:"为太子,所患德不立而名不扬,何忧少于器物也。"——摘自《旧唐书·卷五十一》

【译文】太子李承乾的乳母遂安夫人经常禀告长孙皇后说:"东宫里器皿用具不够,想奏请皇后多赏赐些。"长孙皇后没有答应,说:"作为太子,担忧的是品德不能树立,名声不能远扬,为什么要为缺少器皿用具担忧呢?"

词语积累

牝(pìn)鸡司晨:牝鸡,母鸡;司晨,报晓。母鸡报晓。比喻妇女窃权乱政。

玄宗杨贵妃列传

> 杨玉环（719—756 年），祖籍蒲州永乐县（今山西省永济市），生于蜀州（今四川省崇州市）。唐玄宗的贵妃，我国古代四大美女之一。

● 三千宠爱在一身的倾世贵妃

杨玉环的祖上是隋朝皇室的旁支，出过不少高官，到她父亲这一代，只担任过下层官员。

杨玉环十一岁时，父亲病逝，由叔叔抚养成人。她性格温婉和顺，天生丽质，受过良好的教育，精通音律，擅长歌舞，喜欢弹琵琶，长大后更加明艳动人。十六岁时，她嫁给唐玄宗的儿子寿王李瑁（mào），婚后夫妻感情和谐美满。

唐玄宗早年励精图治，开创了开元盛世，使得唐朝的国力达到鼎盛。辉煌的成就使他骄傲自满起来，开始沉湎声色，贪图享受。这一年，玄宗最宠爱的武惠妃病死，从此他性情大变，郁郁寡欢，有人趁机进言寿王妃杨玉环资质非凡。玄宗召杨玉环入宫，结果一见钟情，便横刀夺爱，先命她出家为道士，进入皇宫，再给寿王另外册立王妃，然后才正式册封她为贵妃，得到的恩宠不亚于当年的武惠妃。

一年后，杨贵妃恃宠而骄，被唐玄宗赶出皇宫。没了杨贵妃的陪伴，唐玄宗开始乱发脾气，责打内侍，整天不肯吃饭。贴身宦官高力士见状，赶紧连夜把杨贵妃接回来。杨贵妃回宫后，请求玄宗责罚，玄宗见到她后心情大好，赶紧上前安慰，二人重归于好。

几年后，杨贵妃再次触怒唐玄宗，又被赶出宫去。过了不久，玄宗就心软了，命宦官给她送去御膳。杨贵妃哭着对宦官说："请转告陛下，臣妾冒犯天威，罪该万死。我拥有的一切都是陛下所赐，没有什么可以作纪念的。身体发肤受之父母，就用一束青丝略酬陛下的恩宠吧！"说完，剪下一绺（liǔ）头发，让宦官带给玄宗。玄宗又后悔又心疼，连忙派高力士将杨贵妃接回宫。

杨贵妃两次被赶出宫，不仅两次得到唐玄宗的原谅，而且恩宠更胜于前。她的独特魅力在于，不仅与玄宗一样精通音律，能歌善舞，而且不像其他嫔妃那样，对玄宗唯唯诺诺，显得个性十足。连续两次闹别扭，非但没有影响他们之间的感情，反而使玄宗更加怜爱她，达到了集后宫三千佳丽之宠爱于一身的程度。

杨贵妃喜欢吃荔枝，玄宗便下令地方官员采摘荔枝后，通过传递紧急军情的驿道，用快马传送到几千里之外的京城长安，以使荔枝保持新鲜。看到传递军情的快马进出京城，不知情的百姓还以为边境发生了战事。因此，

▼ 玄宗用快马给杨贵妃运送荔枝

晚唐诗人杜牧有诗云:"一骑红尘妃子笑,无人知是荔枝来。"

自从杨贵妃得宠后,她的三个姐姐、两个堂兄都获得了尊崇的地位,生活非常奢侈。唐玄宗忙于和杨贵妃嬉游宴乐,将国事全权交给她的堂兄杨国忠处理。杨氏一门权倾天下,横行霸道,就连公主、驸马因为小事得罪了杨家,都要被玄宗责罚。大臣们见状,纷纷巴结逢迎,搜刮民脂民膏,讨好杨氏一家,于是吏治大坏,引发了巨大的社会危机。

当时,在河北地区兼任三个藩镇节度使的胡族将领安禄山,看中了杨贵妃的权势,认她为养母,玄宗不但毫不怪罪,反而很高兴。755年,安禄山率领十五万大军,以诛杀逆臣杨国忠为名,正式举兵谋反。唐军由于准备不足,指挥失当,安禄山很快逼近长安,唐玄宗只好匆忙带领杨贵妃和大臣们逃往蜀地。

可是,刚走到马嵬(wéi)驿(今陕西省兴平市境内),护驾的军队就一致要求杀死"安史之乱"的罪魁祸首杨国忠,随即不等诏令,乱刀砍死了杨国忠。杀死杨国忠后,军士们迟迟不肯散去,对唐玄宗说:"杨国忠虽然死了,但祸根还在,请陛下忍痛割爱,赐死杨贵妃!"玄宗于心不忍,高力士解释说:"将士们担心杨贵妃秋后算账,不会善罢甘休,应该早下决断。"万般无奈之下,玄宗只好下旨赐死杨贵妃。杨贵妃终年三十八岁。

杨贵妃的传奇经历和悲剧下场,留给后人无尽的遐想,成为众多文学家的创作素材,中唐诗人白居易的《长恨歌》就是一首脍炙人口的诗作。

经典原文与译文

【原文】上皇密令中使改葬于他所。初瘗(yì)时以紫褥裹之,肌肤已坏,而香囊仍在。内官以献,上皇视之悽惋,乃令图其形于别殿,朝夕视之。——摘自《旧唐书·卷五十一》

【译文】唐玄宗密令宦官将杨贵妃改葬到其他地方。当初埋葬她时用紫色床褥包裹尸首,肌肤已经腐烂,但是香囊还在。宦官将它献给唐玄宗,玄宗看后十分难过,就让人在偏殿画了杨贵妃的像,早晚都会去看。

二十四史马上读，语文历史都进步

解语花：会说话的花。比喻善解人意的美女。

钿（diàn）合金钗（chāi）：钿盒和金钗。相传为唐玄宗与杨贵妃的定情信物。后泛指情人之间的信物。

梨花带雨：像沾着雨点的梨花一样。原形容杨贵妃泣下如雨的样子，后形容女子的娇美。

闭月羞花：使月亮躲藏，使花儿羞惭。形容女子容貌美丽。

三千宠爱在一身：三千，帝王的后宫嫔妃人数。把对三千人的宠爱都集中在一个人的身上，指妃嫔获得帝王的专宠。

长孙无忌列传

> 长孙无忌（？—659年），鲜卑族，字辅机，洛阳县（今河南省洛阳市）人。唐初杰出的政治家。

凌烟阁第一功臣

长孙无忌是长孙皇后的哥哥，自幼接受良好的教育，勤奋好学，博通文史，足智多谋。

长孙无忌从小就和李世民是推心置腹的好朋友，后来他的妹妹嫁给李世民，两个人的关系更加亲密无间。

隋朝末年天下大乱，唐高祖带着几个儿子趁机起兵反隋，长孙无忌便一直追随李世民东征西讨。他虽然不善于领兵打仗，但是谋略过人，两人由少时密友成为同生共死的战友。

唐朝建立后，唐高祖立李建成为太子，封李世民为秦王。因为秦王战功卓著，麾下能臣如云，引起了李建成的嫉妒和不安，多次想谋害秦王，但没能成功。秦王的智囊房玄龄见形势严峻，便对长孙无忌道出了自己的忧虑。长孙无忌慨然说："我担心这件事已经很久了，一直没敢说出口。你刚才的话正合我意，我马上禀告秦王，劝他赶快行动！"

不久，李建成通过向高祖进谗言，将秦王的两大智囊——房玄龄和杜如晦逐出秦王府，长孙无忌成了秦王身边唯一的谋士，不但经常出谋划策，还负责与房玄龄、杜如晦联络，坚决支持秦王先发制人。很快，秦王收到消息，李建成准备在一次宴会上杀死自己，于是决定抢先动手。长孙无忌在关键时刻挺身而出，发挥了不可替代的重要作用，成为排名第一的功臣。

太宗即位后，长孙无忌深受礼遇，能随时出入太宗的卧室，后来又担任宰相。当时，有人秘密上疏，认为长孙无忌得到的恩宠和权势太大，太宗直接把这些奏疏拿给长孙无忌看，安慰他说："我对你没有任何猜疑。"但因为长孙皇后坚决反对，长孙无忌也再三推辞，太宗不得已，只好允许他辞去相位，但因此更加信任他。

643年，唐太宗感觉自己的身体大不如前，曾经跟随自己运筹帷幄、南征北战的文臣武将已经去世不少，心情十分沉重，便下旨为二十四位功臣画像，悬挂在皇宫的凌

▼唐太宗将弹劾长孙无忌的奏章交给他

烟阁上。这就是著名的"凌烟阁二十四功臣",长孙无忌名列第一。

长孙无忌的妹妹长孙皇后与太宗生了三个儿子,太子李承乾因谋反被废,最有可能成为太子的便是另外两个儿子:魏王李泰和晋王李治。一次退朝后,太宗将长孙无忌、房玄龄、李勣(jì)等大臣留下,悲愤地对他们说:"太子居然做出谋反之事,太让我失望了!"说完拔出佩刀就要自杀,长孙无忌等人赶紧将唐太宗抱住,夺过佩刀交给旁边的李治,并问太宗打算立谁为太子。太宗说:"我想立晋王。"长孙无忌立刻郑重表态:"谨遵圣旨。如果有谁不同意,臣请求斩了他!"长孙无忌一锤定音,果然没人敢反对,立太子的事就这样定了下来。

太宗在临终之际,选定长孙无忌等人为顾命大臣,又对另一位顾命大臣褚(chǔ)遂良说:"长孙无忌对我很忠心,我能拥有天下,大多是这个人的功劳。你辅政以后,不要让进谗言的人伤害长孙无忌。如果出现这样的情况,你就不再是我的臣子了。"

唐高宗即位后,长孙无忌以顾命大臣、元舅的身份执掌朝政,高宗事事听从他的建言。不久,高宗开始宠爱武则天,加上王皇后没有儿子,便准备册立武则天为皇后。为了赢得长孙无忌的支持,高宗亲自带着武则天前往他的府上宴饮，赏赐了很多财物，又给他的三个儿子封官，但长孙无忌假装不懂高宗的意思。后来，武则天的母亲多次亲自登门请求，长孙无忌都严词拒绝。

不久，唐高宗决意废后，长孙无忌等一班功臣纷纷明确表示反对。武则天对长孙无忌恨之入骨，高宗也对他产生了强烈不满。在武则天的指使下，大臣许敬宗诬陷长孙无忌谋反。唐高宗听信了许敬宗的话，将长孙无忌流放抄家，长孙无忌被逼自杀。

长孙无忌是关陇贵族集团的核心成员，这个集团从西魏以来就一直执掌朝政，他的去世标志着关陇贵族集团退出了权力核心圈。

长孙无忌历仕三朝，多年担任宰相，主持修订《唐律疏议》，奠定了唐朝两百多年律法的根本制度，是我国法制史上的典范，对后世制定法律产生了深远影响。

经典原文与译文

【原文】二十三年，太宗疾笃，引无忌及中书令褚遂良二人受遗令辅政。太宗谓遂良曰："无忌尽忠于我，我有天下，多是此人力。尔辅政后，勿令谗毁之徒损害

无忌。若如此者,尔则非复人臣。"——摘自《旧唐书·卷六十五》

【译文】贞观(guàn)二十三年(649年),唐太宗病重,召见长孙无忌和中书令褚遂良,嘱托二人接受遗诏辅佐政务。唐太宗对褚遂良说:"长孙无忌对我很忠心,我能拥有天下,大多是这个人的功劳。你辅政以后,不要让进谗言的人伤害长孙无忌。如果出现这样的情况,你就不再是我的臣子了。"

云消雾散:像烟云消散一样,比喻事物消失得干干净净。

小鸟依人:指像小鸟一样亲近人,多形容少女或小孩的娇柔可爱。

房玄龄列传

> 房玄龄（579—648年），名乔，字玄龄，齐州临淄县（今山东省淄博市）人。唐初名相、杰出的政治家，与杜如晦、姚崇、宋璟并称"唐朝四大贤相"。

● 唐太宗的首席智囊

房玄龄出身于官宦世家，自幼便接受了良好的教育，聪明机敏，博览经史，擅长写文章，善草书、隶书。

十八岁时，房玄龄得到州里的推荐考中进士，先后担任小官。当时有个吏部官员善于识人，见到房玄龄后惊叹："老夫阅人无数，但还没见过比得上这位年轻人的。他将来一定能成大器，可惜我看不到那一天了。"

后来，李世民跟随父亲起兵反隋，带领军队打到渭北地区。房玄龄前来投奔，李世民与他一见如故，当即重用了他。房玄龄很感激李世民的知遇之恩，决定尽心尽力地辅佐他。

每次李世民出征打了胜仗,其他人都抢着搜罗金银财宝,只有房玄龄忙着替李世民招揽人才。只要发现能臣猛将,他就倾心结交,引导这些人为李世民效力。比如倜傥有智谋的张亮、才思敏捷的薛收、聪明识达的杜如晦等人,都经房玄龄搜罗后举荐给太宗,得到重用。

唐朝建立后,李世民被封为秦王。房玄龄在太宗身边担任幕僚十多年,一直负责军谋大事,管理文牍(dú),每次有军书奏表,很快就可以写成,文辞简约、说理充分,从来不打草稿。唐高祖对他的奏表十分满意,曾对侍臣说:"房玄龄这个人很懂事理,值得托付重任。每次替秦王陈奏事情,都很切合我的心意。虽然人在千里之外,就好像面对面交谈一样。"

当时,太子李建成将李世民视为最大的威胁。有一次,李世民在李建成府上吃饭,回府后吐血不止,险些丧命。房玄龄对李世民的好朋友长孙无忌说:"现在太子之争无法避免,必须早点拿主意,不然将会危及国家。"长孙无忌将他的话转达给李世民,李世民随即召见房玄龄,问他该怎么办。房玄龄说:"现在国家即将陷入混乱,大王功高盖世,所作所为都符合做皇帝的征兆,上天也会帮助你的。"暗示李世民应该先下手为强。

旧唐书·房玄龄列传

李建成也意识到房玄龄留在李世民身边对自己不利，就在唐高祖面前说他的坏话，将他赶出秦王府。"玄武门之变"前夕，房玄龄又乔装成道士悄悄潜回，为李世民出谋划策，确保了政变的成功。

李世民即位后，房玄龄被列为五位首席功臣之一，出任宰相。最早跟随唐高祖打天下的宗室李神通不服气，太宗对他说："叔父虽然最早跟随太上皇起兵，但屡战屡败。房玄龄运筹帷幄，决胜千里，就像汉代的萧何一样，虽未亲临战阵，却有安定社稷之功，所以功劳第一。"当时很多将领也都不满，听了李世民的解释，也就无话可说了。

从此，房玄龄废寝忘食，将朝政处理得井井有条。他执掌政务达二十年，参与制定典章制度，主持修订法律，知人善任，待人宽和，不自居功，赢得了贤相的美誉，为开创"贞观（guàn）之治"做出了重要贡献。

643年，高句丽（gōu lí）（地跨今中国东北部分地区与朝鲜半岛北部）扣押唐朝使臣。李世民勃然大怒，不顾群臣的反对，决定御驾亲征高句丽。临行前，李世民命令房玄龄留守京城长安，说："你要像当年的萧何一样，为大军负责后勤补给，我就没有后顾之忧了。"

李世民每次任用官员，都很尊重房玄龄的意见。有一次，李世民任命一个大臣担任要职,问身边人:"房玄龄对这个人有什么评价?"身边人说:"房玄龄说这个人仪表堂堂,胡须很漂亮。"李世民明白房玄龄是在暗示这个人虚有其表,立即将他改为地方官。

后来,房玄龄得了重病。当时李世民也因患病正在玉华宫休养,担心君臣无法再次相见,命人将房玄龄抬到玉华宫来养病。又派名医为他诊治,让御膳房给他送饭。每

▼ 唐太宗探视房玄龄的病情

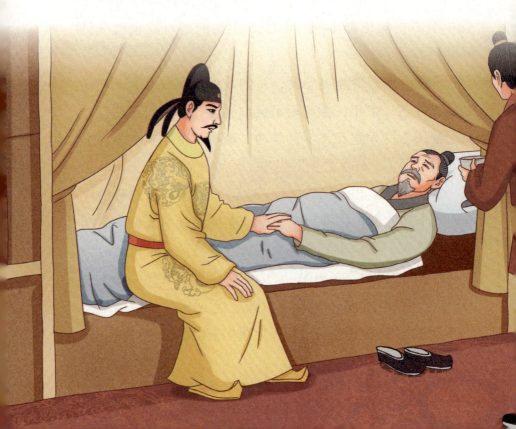

当听到房玄龄病情好转，李世民就喜形于色；如果听到他病情加重，李世民就伤心流泪。为了方便看望他，李世民下令将宫墙凿穿，开辟了一道门，可以从自己的住所直通房玄龄的住所。

房玄龄对李世民无微不至的照顾非常感动，预感到自己大限将至，对儿子们说："现在天下太平无事，只有征讨高句丽一件事还没完成。征讨高句丽是陛下在愤怒之下做出的决定，大臣们都反对却不敢劝阻。我知道这个决定不对，如果不说就要抱恨终身了！"于是写了一封反对继续征讨高句丽的奏疏呈给唐太宗，李世民看后感慨地说："房玄龄病得那么严重，还在为国家操心啊！"

648年，房玄龄病逝，享年七十岁。后世史家评论唐朝的宰相，无不首推房玄龄。

经典原文与译文

【原文】玄龄尝诫诸子以骄奢沉溺，必不可以地望凌人，故集古今圣贤家诫，书于屏风，令各取一具，谓曰："若能留意，足以保身成名。"又云："袁家累叶忠节，是吾所尚，汝宜师之。"——摘自《旧唐书·卷六十六》

【译文】房玄龄曾经告诫几个儿子不要沉溺于骄横奢靡，一定不能用地位名望去欺负人，所以收集古今圣贤的家训，写在屏风上，让他们各取一件，并说："如果能留心于此，足以保全自身、成就名声。"又说："汉代的袁氏世代忠良，是我推崇的，你们应该效仿他们。"

吃醋：比喻产生嫉妒情绪。多指男女关系方面。

翘（qiáo）足而待：翘，抬起。指踮起脚等待，比喻很快就能实现。

杜如晦列传

> 杜如晦（585—630年），字克明，京兆郡杜陵县（今陕西省西安市）人。杰出的政治家，唐初名相。

英年早逝的名相

杜如晦出身于官宦世家，祖父、父亲都做过地方官。他自幼就受到良好的教育，熟读文史，聪颖过人。

隋炀帝年间，杜如晦通过吏部的选拔进入仕途。当时有个吏部官员善于识人，见到杜如晦后十分欣赏，对他说："你有应对变乱的才能，是栋梁之材。可惜眼下没有你的用武之地，先委屈你当个小官吧。"于是安排他担任县尉（类似于县公安局局长）。

隋朝末年天下大乱，李渊、李世民父子趁机起兵反隋，很快就占领了长安。杜如晦得知李世民英武不凡，求贤若渴，便投到他的麾（huī）下。但他才不外露，没有马上引起太宗的重视。

唐朝建立后,太子李建成担心太宗威胁到自己的地位,便想方设法把他的很多幕僚调走,李世民为此十分忧虑。当杜如晦也被调走时,谋臣房玄龄对李世民说:"府中幕僚离开的虽然多,大体上都不可惜。杜如晦聪明睿智、见识卓远,是辅佐帝王的人才。如果大王只想做一个藩王,他没什么用处;如果想要谋取天下,少了这人不行。"李世民大吃一惊:"如果不是你提醒,我就失去了一位人才啊!"随即请求唐高祖将杜如晦留在自己身边。

杜如晦追随李世民东征西讨,积极建言献策,发挥了十分重要的作用,李世民从此对他刮目相看。后来,李建成又向唐高祖进谗言,将房玄龄、杜如晦调走。"玄武门之变"前夕,两人化装成道士潜回秦王府,替李世民出谋划策,确保了政变成功。事后,杜如晦成为五位首席功臣之一,被封为蔡国公。

李世民即位后励精图治,任命杜如晦和房玄龄为宰相。房玄龄善于谋划,而杜如晦则善于决断,两人配合十分密切。每当有什么事情拿不定主意,房玄龄都会说:"这件事非杜如晦决断不可。"等杜如晦到场,往往都会拿出令众人信服的决议。

628年,北方草原民族突厥发生内乱,颉利可汗发兵攻打他的侄子小可汗突利，突利派使者向唐朝求救。李世民问大臣："朕和突利约为兄弟，现在他有难，朕不能不救。但是朕和颉利也订过盟约，该怎么办？"杜如晦说："突厥人不讲信用，最终一定会负约。如果我们不趁突厥内乱消灭他们，后悔就来不及了。"李世民认为有道理，第二年派名将李靖等人率兵征伐突厥，擒获了颉利，突利也归顺唐朝。

有一次，李世民发现吏部只按照口才、文笔选拔官员，而没有全面考察他们的品行，结果这些人当官后残害百姓，即便将他们治罪，但已经害民在先，便问杜如晦应该怎么办。杜如晦说："汉朝选拔人才，都是由州里将当地德行高尚的人推荐给朝廷，然后录用。现在候选官员每年有几千人，都由吏部来甄（zhēn）别。这些人巧言令色，伪装忠厚，难以识破，所以得不到真正的人才。"李世民认为很有道理，打算施行汉代的选官制度，不过后来因为其他事搁置了。

杜如晦受到李世民的重用，身兼数职。有监察官上疏说："一个人同时担任多个官职很危险。"李世民斥责说："朕重用房玄龄、杜如晦，并不是因为他们从前立过大功，而是他们具有治理天下的才能。你难道想挑拨离间吗？"随即贬了这个人的官。

▼唐太宗到杜如晦墓前拜祭

房、杜二人齐心协力辅佐太宗，制定典章制度，选拔人才，对开创"贞观（guàn）之治"做出了杰出贡献。然而杜如晦担任宰相仅一年，便得了重病。李世民亲自去看望他，泪流不止，并破格提拔杜如晦的儿子。不久，杜如晦病逝，终年四十六岁。李世民悲恸欲绝，专门对替杜如晦写碑文的官员说："朕和杜如晦君臣之间情深义重，他不幸突然去世，令我追念不已。你在写碑文时，要表达出这个意思。"

后来，李世民吃到一种味道鲜美的瓜，突然想起杜如晦，忍不住悲从中来，命人将剩下的一半瓜带到杜如晦的墓前祭奠。杜如晦一周年忌日时，李世民又派人慰问他的家人，赏赐的财物和杜如晦生前一样。由此可见李世民对杜如晦的推重和对他英年早逝的惋惜之情。

经典原文与译文

【原文】时府中多英俊，被外迁者众，太宗患之。记室房玄龄曰："府僚去者虽多，盖不足惜。杜如晦聪明识达，王佐才也。若大王守藩端拱，无所用之；必欲经营四方，非此人莫可。"太宗大惊曰："尔不言，几失此人矣！"

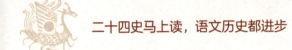

遂奏为府属。——摘自《旧唐书·卷六十六》

【译文】 当时秦王府中有许多英才,被外调的人很多,唐太宗很担忧。记室房玄龄说:"府中幕僚离开的虽然多,大体上都不可惜。杜如晦聪明睿智、见识卓远,是辅佐帝王的人才。如果大王只想做一个藩王,他没什么用处;如果想要谋取天下,少了这人不行。"唐太宗大惊说:"你不说,我差点失去这个人。"于是上疏让他留在府中做幕僚。

房谋杜断: 房玄龄多谋,杜如晦善断。两人同心治国,传为美谈。

李靖列传

> 李靖（571—649年），字药师，雍州三原县（今陕西省三原县）人，唐代杰出的军事家。

● 大唐第一名将

李靖出生于名门望族的官宦之家，长得仪表伟岸，器宇不凡，从小深受家庭熏陶，具备文韬武略，曾经对身边人说："大丈夫若能审时度势，辅佐明主，一定可以建功立业，博取富贵！"

李靖的舅舅韩擒虎是隋朝名将，每次和他讨论兵法，都忍不住称赞说："可以一起讨论孙武、吴起兵法的，只有你啊。"隋朝名臣杨素见到李靖后，抚着坐床对他说："你最终能坐到这个位置！"

隋朝末年，李靖在马邑（yì）郡（今山西省朔州市）当二把手，隶属于当时还是太原留守的唐高祖李渊帐下，和突厥作战。李靖通过观察认为李渊有反隋之意,便乔装成囚犯,命令部下将自己押解到江都(今江苏省扬州市),向隋炀帝告发他。结果刚走到长安,因为道路阻塞无法成行,而长安随即被李渊攻克,李渊下令逮捕李靖,将他处斩。李靖大喊:"明公举兵起义,想要成就大业,怎么可以因为私人恩怨诛杀壮士呢?"李渊被他的豪言壮语感动,加上李世民也替他求情,就释放了他。不久,李靖进入太宗的幕府。

后来,李渊决定征讨江南最大的割据势力南梁国主萧铣(xiǎn),命令李靖前往。因为沿途险要均被萧铣占领,李靖进度受阻,险些被高祖下令处死,多亏有人求情才保住性命。其后,李靖提出进攻萧铣的十条计策,李渊看后十分赞赏,就授予他军事指挥权。当时唐军乘船顺长江而下,正赶上雨季,洪水泛滥,水流湍急,航行十分危险,其他将领都请求李靖等水势消退再前进。李靖却说:"兵贵神速,机不可失。我军刚刚集结,趁萧铣还不知道发起进攻,正所谓迅雷不及掩耳,这是兵家上策。"一切果然如李靖所料,等到唐军兵临城下,萧铣还在忙着征兵,当然为时已晚,只好开城投降。此时距离出征仅两个多月。

两年后,李靖又率军平定了在江淮地区叛乱的将领辅公祏(shí),李渊高兴地说:"李靖简直就是萧铣和辅公祐的克星啊，古代名将韩信、白起、卫青、霍去病和他相比，都望尘莫及！"

北方的突厥人一直是中原王朝的强劲对手，李渊起兵反隋时，为了赢得突厥的支持，甚至一度向他称臣。629年，唐太宗李世民趁突厥发生内乱，决定分道出击东突厥。将近六十岁高龄的李靖冒着严寒，亲率三千铁骑以迅雷不及掩耳之势抵达颉（jié）利可汗的大本营定襄城（今内蒙古

▼ 李靖率军直击突厥大本营

自治区呼和浩特市境内）南面。颉利可汗大惊失色，误以为唐军主力已经全部到达，不然李靖不敢孤军冒进。李靖抓住颉利可汗猜疑不定的有利战机，一面派出间谍分化他的部下，一面趁夜突然进攻，颉利可汗被打得狼狈逃窜。

捷报传到长安，唐太宗欣喜若狂地对众臣说："李靖只带领三千骑兵，就打下了突厥的老巢，真是前所未闻的名将。他的胜利足以雪洗我朝曾向突厥称臣的耻辱！"随后，颉利可汗请求投降，但心里并不服气。李靖摸透了颉利可汗的心思，趁他和唐朝使者议和的时机发起突袭，斩首一万多人，俘获十几万人，东突厥就此灭亡。攻灭东突厥成为李靖军事生涯中最辉煌的战绩。

634年，西北地区的吐谷浑族进犯边境，抢掠百姓。李靖不顾年事已高、足疾未愈，主动请缨，率领五路大军冒着严寒深入敌境，与吐谷（yù）浑主力展开多次激战，终于大获全胜，凯旋回朝。

644年，唐太宗准备东征高句丽（gōu lí），询问在家养病的李靖："你南平江淮，北扫突厥，西定吐谷浑，只有东边的高句丽还没臣服，你打算怎么办？"李靖当即说："老臣虽然风烛残年，仍然希望一战。只要陛下不嫌弃，老臣的病也能痊愈了。"唐太宗听后深受感动，但不忍心让他再次出征，便没有同意。

旧唐书·李靖列传

　　649年，李靖病逝，终年七十九岁。唐太宗下旨，依照汉代卫青、霍去病的旧例，把他的坟墓修筑成突厥境内的铁山和吐谷浑境内的积石山的形状，用来表彰李靖的赫赫战功。

　　李靖文武兼备，是唐初最负盛名的军事家，被列为"凌烟阁二十四功臣"之一。唐玄宗创立武庙，供奉十位历代名将，李靖位列第四。相传《李卫公问对》一书，就是唐太宗和李靖关于军事问题的对话，成为"武经七书"之一，对后世产生了深远影响。

经典原文与译文

【原文】突厥诸部离叛，朝廷将图进取，以靖为代州道行军总管，率骁骑三千，自马邑出其不意，直趋恶阳岭以逼之。颉利可汗不虞（yú）于靖，见官军奄至，于是大惧，相谓曰："唐兵若不倾国而来，靖岂敢孤军而至。"一日数惊。——摘自《旧唐书·卷六十七》

【译文】突厥各部落发生叛逃，朝廷将要谋划进攻，任命李靖为代州道行军总管，率领精锐骑兵三千人，从马邑郡出其不意,直奔恶阳岭逼近突厥。颉利可汗没料到李靖会来,看到官军忽然来到,因此很惊慌,突厥人互相传说:"唐军如果不是倾全国的兵力出动,李靖怎么敢孤军到达。"一天之内多次受到惊扰。

一代楷模:一个时代的模范人物。

机不可失:机,时机。好时机不可放过。

李勣列传

> 李勣（594—669年），原名徐世勣，字懋（mào）功，唐高祖赐他姓李，曹州离狐县（今山东省东明县）人。唐初名将、宰相。

从草莽英雄到一代名将

李勣出身于富豪之家，父子二人都乐善好施，救济贫困，在当地很有名望。

隋炀帝昏庸无道，民不聊生，翟让在瓦岗寨（今河南省滑县）起兵反隋。年仅十七岁的李勣见天下大乱，便投奔瓦岗军，对翟让说："附近是咱们的家乡，不应侵扰。宋州（今河南省商丘市）、郑州（今河南省郑州市）离大运河很近，来往的商旅船只众多，去那里收取官私钱财，岂不是更好？"翟让听从他的建议，果然得到很多财物，兵马更加壮大。隋朝派遣大将讨伐瓦岗军，也被李勣斩杀。

出身名门的李密因谋反遭到朝廷追捕，投奔瓦岗寨。李勣等人认为李密比翟让更具名望和领导才能，力劝翟让退位让贤。当时河南、山东一带发生洪灾，朝廷让饥民去官仓黎阳仓（在今河南省浚县境内）领取赈济粮。由于官员不作为，每天有几万人饿死。李勣对李密说："天下大乱的根本原因在于饥荒，如果我们打下黎阳仓，就可以成就大业了！"李密便派李勣带领五千精兵偷袭，当天就攻下黎阳仓，打开仓库让饥民任意领取，十天之内就有二十多万人投军，瓦岗军声势大振。

后来，李密在与占据河南的军阀王世充作战时遭遇惨败，逃到长安投奔唐高祖，大片地盘都落在李勣手里。第二年，李勣在魏征的劝说下，也决定归顺唐高祖，他对部下说："这些土地、人口都是主公所有，现在主公归顺大唐，如果由我将这些献给朝廷，就是利用主公的失败博取富贵。这是可耻的。"于是派人将土地、人口登记造册，送到长安交给李密，由李密献给唐高祖。高祖知道后高兴地说："徐世勣能够不忘旧主，推让功劳，真是一位纯臣啊！"下旨封他为国公，赐姓李，附籍宗室。

此后，李勣又跟随唐太宗消灭了割据一方的王世充、窦建德等势力，为统一天下做出了杰出贡献。

629年，唐太宗趁突厥发生内乱的时机，派李靖、李勣等人分道出击东突厥。第二年,突厥首领颉利可汗被李靖打败后撤退,李勣埋伏在他的必经之路上,颉利可汗再次大败,只好投降。李勣与李靖会师后说:"颉利虽然战败,但仍然有很多部众,如果他穿过沙漠得到那些部众的支持,我们就鞭长莫及了。不如趁他与朝廷议和之机,打他个措手不及。"李靖与他英雄所见略同,于是二人分工协作,将颉利可汗的部众全部俘虏,颉利可汗也被生擒,东突厥就此覆灭。唐朝从此少了一个强劲对手,开拓了大片疆土。

李勣先后负责并(bīng)州(今山西省大部)军务,长达十六年之久,西北草原民族都不敢进犯。唐太宗说:"隋炀帝不能选用人才,只知道修筑长城防御突厥。朕委任李勣在并州,就让突厥人望风而逃,边塞安定,远远胜过修筑长城啊!"

后来,李治被册立为太子,唐太宗调李勣回朝担任宰相,对他说:"我要替太子选择顾命大臣,考虑再三,没有比你更合适的人了。你当年能够对李密尽忠,如今一定不会辜负我。"李勣感动得泪流满面,表示一定不负重托。

唐太宗临终前,对唐高宗说:"你对李勣没有恩典,我现在先贬他的官,等你继位后重新任命他做宰相,他就会感激你,愿意效命。"于是将李勣贬为地方官。李勣猜

▲ 唐太宗任命李勣为宰相，让他辅佐太子

透了太宗的用意，接旨后连行李都没收拾就去赴任。唐高宗即位后很快就将李勣召回，任命为宰相。

655年，唐高宗想要废黜王皇后，立他宠爱的武则天为皇后，遭到长孙无忌、褚遂良等顾命大臣的强烈反对。有一天，高宗将李勣秘密召进宫里，忧虑地说："我想立武氏为皇后，可是顾命大臣都反对，看来是无法如愿了！"李勣看出高宗态度坚决，就说："这是陛下的家事，不用问外人。"当时李勣不仅是宰相和顾命大臣，还是德高望重的军事统帅，他的支持使唐高宗下定决心，如愿让武则天当上了皇后。

地跨东北地区朝鲜半岛北部的高句丽（gōu lí），长期与突厥、契丹人相勾结，威胁隋唐帝国的安全。从隋朝到唐太宗都曾讨伐高句丽，但都未能取得决定性胜利。666年，高句丽发生了内乱，唐高宗乘机派已经七十三岁高龄的李勣率军出征，于668年俘虏了高丽王，消灭了高句丽。

669年，李勣病逝，终年七十六岁。李勣是与李靖齐名的唐初名将，被唐太宗列为"凌烟阁二十四功臣"之一，后又入选"武庙十哲"。

经典原文与译文

【原文】勣时遇暴疾，验方云须灰可以疗之，太宗乃自剪须，为其和药。勣顿首见血，泣以恩谢，帝曰："吾为社稷计耳，不烦深谢。"——摘自《旧唐书·卷六十七》

【译文】李勣当时突然得病，药方上说用胡须灰可以治疗，唐太宗就剪下自己的胡须，为他调制成药。李勣磕头出了血，哭泣着诚恳地谢恩，太宗说："我是为了国家

二十四史马上读，语文历史都进步

考虑啊，不用如此感谢。"

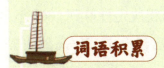

剪须和药：须，胡须。剪掉胡须调制配药，比喻上级体恤下属。

自拔来归：拔，离开；归，归降。自己主动离开恶劣的环境，归向光明。指敌方人员前来投奔。

旧唐书·魏征列传

魏征列传

> 魏征（580—643年），字玄成，巨鹿郡下曲阳县（今河北省晋州市）人。唐朝初年杰出的政治家、史学家、名相。

● 犯颜直谏的知名贤相

魏征的父亲曾做地方官，但去世很早，因此家境十分贫寒。但他胸怀大志，博览群书，尤其注重学习战国纵横家的学说。

隋朝末年天下大乱，魏征投奔李密的瓦岗军。割据河南的王世充进攻李密，魏征对李密的部下献计说："我们虽然屡战屡胜，但将士也有很大伤亡。而且，我军没有钱财奖励立功的人，导致军心涣散。这种局面是无法打仗的，不如筑高墙、挖深沟，坚守不出。王世充撑不到一个月就会因粮草断绝而撤退，我军趁机追击，一定能够取胜！"

李密的部下嘲笑他是老生常谈，魏征气愤地说："这是奇计良谋，怎么能说是老生常谈？"说罢拂袖离开。不久，李密果然被王世充打得大败，带着魏征等人投奔了唐高祖。

后来，魏征成为太子李建成的幕僚。当时李世民战功卓著，对太子之位构成威胁，魏征曾劝李建成早点除掉他。李世民通过"玄武门之变"杀死李建成后，指责魏征说："你为什么离间我们兄弟的关系？"魏征不卑不亢地说："太子如果早听我的话，就不会有今天的下场了！"李世民见魏征有如此胆识，很欣赏他的才干和品格，非但不怪罪他，反而任命他为谏官。

魏征受到重用后，有些官员不服气，诬告他结党营私。李世民查明真相后，警告魏征以后注意避嫌。魏征却说："君臣之间应该一心为公，如果只想着避嫌，那么国家就危险了。请陛下让臣做个良臣，而不要让臣做忠臣。"李世民问他："良臣和忠臣有什么区别？"魏征说："使自己获得美名，让君主成为明君，子孙福禄无穷的，是良臣。使自己被杀博得美名，让君主背上暴君之名，破家亡国的，是忠臣。二者相差很大。"李世民接着问："君主怎样做才能贤明，怎么做会昏庸？"魏征说："兼听则明，偏信则暗。"李世民听后赞赏不已。

后来，长孙皇后为李世民选了一名女子做嫔妃，魏征发现她已经订过婚,连忙劝阻。女子的未婚夫上疏解释说,两家虽然有些财物往来,但那不是聘礼。李世民将信将疑地问魏征怎么回事,魏征说:"男方之所以否认订婚,就是害怕陛下将来报复他啊。"唐太宗恍然大悟,立即收回成命。

在李世民君臣的努力下,国力日益强盛,出现了"贞观(guàn)之治",大臣们都请求李世民封禅泰山,向上天报告自己的功德,只有魏征反对。李世民询问原因,魏征说:"打个比方说,一个重病十年的人,经过治疗虽然痊愈,但他已经瘦得皮包骨了,却还要让他背负很重的东西,一天走一百里路,肯定做不到。隋朝的战乱持续了不止十年,陛下就像高明的医生,虽然治好了天下的大病,但还没使它富强起来,现在就向上天报告大功告成,不是太早了吗?"恰逢中原地区发生水灾,李世民下旨停止封禅,以避免劳民伤财。

李世民晚年产生了骄傲自满情绪,不再像以前那样从谏如流,有一次还要处罚进言的官员。不久,李世民问魏征:"近年来的政治怎么样?"魏征直言不讳地说:"陛下即位之初,引导、鼓励大臣进谏。过了三年,大臣说的好听了才采纳。又过了一两年,虽然还能勉为其难地接受谏言,但心里很恼火。由此可见,陛下需要警惕啊。"接着举出那名官员因进谏被论罪的事例,李世民这才察觉到

自己态度在逐渐转变，感叹说："除了你，没有人能点破这一点，人总是缺乏自知之明啊。"

从629年起，魏征担任秘书监，主管国家藏书，并总管《梁书》《陈书》《北齐书》《周书》《隋书》五部正史的编撰，历时多年才编成。此外，魏征还受命选编《群书治要》一书，从众多古籍中择取精华，为李世民治国提供了很好的借鉴，是经典之作。

643年，魏征病重，李世民亲自去看望他，问他还有什么要求。魏征虚弱地说："臣个人没什么要求，只是放心不下国家啊！"不久便去世了，终年六十四岁。李世民伤心地说："用铜做镜子，可以端正衣帽；用历史做镜子，可以懂得朝代兴亡的道理；用人做镜子，可以明白自己哪里做对了，哪里做错了。朕用这三面镜子防止自己犯错，现在魏征死了，朕就失去了一面镜子啊！"

经典原文与译文

【原文】太宗谓侍臣曰："贞观（guàn）以前，从我平定天下，周旋艰险，玄龄之功，无所与让。贞观之后，尽心于我，献纳忠谠（dǎng），安国利民，犯颜正谏，匡

朕之违者,唯魏征而已。古之名臣,何以加也?"于是亲解佩刀以赐二人。——摘自《旧唐书·卷七十一》

【译文】唐太宗对身边的近臣说:"贞观以前,跟随我平定天下,历经艰险,是房玄龄的功劳,没有谁能和他相比。贞观以后,对我尽心尽力,忠心耿耿为国献出良策,安定国家、惠及百姓,触犯天威、直言进谏,纠正我过错的人,只有魏征而已。古代的名臣,怎么能超过他们呢?"于是亲自解下佩刀赐给二人。

以人为镜:镜,借鉴。把别人的成败得失作为自己的借鉴。后人用来形容多吸取别人的教训,才可以防止自己犯错误。

老生常谈:老生,老书生。老书生经常发表的寻常意见,比喻没有新意的话。

狄仁杰列传

> 狄仁杰（630—700年），字怀英，并（bīng）州晋阳县（今山西省太原市）人。唐代杰出的政治家，曾两度担任宰相。

● 知人善任的贤相

狄仁杰出身于官宦之家，从小就有兼济天下的远大志向。成年后，通过科举考试进入仕途。

狄仁杰刚开始做官时，曾经被一名小吏诬告，恰逢当朝名臣阎立本负责审理此案。阎立本在审问之时，发现狄仁杰德才兼备，称赞他说："孔子说，观察一个人所犯错误的性质，就可以知道他的为人。你就像是遗落在大海里的明珠啊！"于是举荐他担任更重要的官职。

后来，狄仁杰升任大理寺丞，负责审理刑事案件，一年之内处理了大量积压的案件，涉及一万七千多人，但没

▲ 狄仁杰在大理寺审案

有一个涉案人不服从他的判决。狄仁杰由此以善于断案而名声大振。

有一次,两名武将误砍了太宗陵墓的柏树,按照法律应该免职。但是唐高宗勃然大怒,认为这是置自己于不孝之地,执意要处死他们。狄仁杰认为量刑过重,不符合法律规定,巧妙地劝阻了唐高宗,维护了司法公正,给当时的皇后武则天留下了深刻印象。

此后,狄仁杰多次出任地方官,所到之处爱民如子,深受百姓拥戴。有一年,宰相张光辅率军征讨叛乱,趁机纵容部下在狄仁杰的辖区勒索抢劫。狄仁杰大胆予以阻止,并愤怒地谴责张光辅说:"如果我有尚方宝剑,一定斩了你为民除害,我也算死而无憾!"张光辅恼羞成怒,状告狄仁杰以下犯上,贬了他的官。

690年,武则天正式称帝,第二年便任命狄仁杰为宰相。仅仅过了四个月,著名酷吏来俊臣便诬告他谋反,将他抓进大牢。当时法律规定,一经审问即承认谋反的,可以减免死罪。狄仁杰入狱后,立即假装认罪。来俊臣以为狄仁杰吓破了胆,于是不再严密防备他。狄仁杰马上偷偷写下鸣冤状,藏在棉衣夹层中,谎称天气转暖,让狱吏将棉衣转交给家人。狄仁杰的儿子得到鸣冤状,立即向武则天诉讼,最终使得真相大白。狄仁杰幸运地逃过一死,但再次被贬官。

几年后,朝局稳定下来,武则天不再需要借助酷吏打击反对者,而是需要一位德高望重、长于理政的宰相辅佐,于是任命六十八岁的狄仁杰再度出任宰相。武则天对他非常信任和尊重,不直呼其名而尊称为"国老"。狄仁杰一方面大力举荐人才,另一方面引导武则天归政,以求恢复唐室。

有一次,武则天要求狄仁杰举荐宰相之才,狄仁杰推荐了张柬之。武则天从善如流,立即提拔了张柬之。过了不久,她又让狄仁杰推荐人才,狄仁杰说:"臣之前推荐的张柬之还没得到重用呢。"武则天说:"朕已经给他升官了呀。"狄仁杰恳切地说:"臣向陛下推荐的是宰相,现在只让他做地方官,这不算重用。"于是,武则天将张柬之调到中央任职,后来果然让他当了宰相。

武则天年老之后,想把帝传位给侄子,狄仁杰说:"先帝将两个儿子托付给陛下,难道陛下要将天下托付给外姓吗?况且,陛下立儿子为太子,将来还能配飨(xiǎng)太庙。如果立侄子,从来没有听说过将姑姑配飨太庙的。"武则天听完这番话,很不高兴,狄仁杰坚持继续进谏,最终让武则天改变了主意,重新立她和唐高宗所生的第三子李显为太子。

700年,狄仁杰病逝。武则天痛哭着说:"朝堂空了!"此后,每当遇到军国大事拿不定主意,武则天就忍不住感叹:"上天为什么要这么早把狄国老从我身边夺走!"

五年后,武则天病重,宰相张柬之等人趁机发动政变,拥戴太子李显登基,实现了狄仁杰的夙愿。狄仁杰担任宰相的时间并不长,却改变了历史走向。在以他为首的"复唐派"苦心经营下,李唐得以复国,又延续了两百多年的统治。

旧唐书·狄仁杰列传

狄仁杰善于断案的故事在民间广为流传,被演绎为多种探案故事。一千两百多年后,荷兰汉学家高罗佩以他为主角,写下了一百四十多万字的《大唐狄公案》,被翻译成几十种文字,深受中外读者的喜爱,狄仁杰因此获得了"东方福尔摩斯"的美誉。很多影视作品也以狄仁杰为题材,使他成为家喻户晓的历史人物。

经典原文与译文

【原文】仁杰儿童时,门人有被害者,县吏就诘(jié)之,众皆接对,唯仁杰坚坐读书。吏责之,仁杰曰:"黄卷之中,圣贤备在,犹不能接对,何暇偶俗吏,而见责耶!"——摘自《旧唐书·卷八十九》

【译文】狄仁杰小时候,家里的守门人被杀,县官前来调查,家人都去接受问话,只有狄仁杰稳坐读书。县官责问他,他说:"书中的众多圣贤都在,我和他们对话还忙不过来,哪有工夫搭理俗官庸吏的责问呢!"

二十四史马上读，语文历史都进步

词语积累

沧海遗珠：被采珠者遗漏在海中的珍珠，比喻被埋没的人才或被忽视的珍品。

白云亲舍：亲舍，父母亲的住所。双亲的居所在一片白云之下。后比喻客居他乡，思念亲人。

斗南一人：斗南，北斗星以南，指天下。全天下独此一人。比喻绝无仅有的人才，或形容品德、才能独一无二。

桃李满天下：桃李，培养的人才或学生。比喻培养的优秀人才众多。

旧唐书·姚崇列传

姚崇列传

> 姚崇（650—721年），字元之，陕州硖（xiá）石县（今河南省陕县）人。唐朝名相，杰出的政治家。

拯救时弊的宰相

姚崇出身于官宦之家，自幼洒脱不群，崇尚气节，勤奋好学。

成年后，姚崇通过科举进入仕途，屡经升迁成为兵部的副长官。当时契丹入侵，报往朝廷的军情文书堆积如山，姚崇处理起来有条不紊，快如流水。执掌朝政的皇太后武则天对姚崇的行政能力大为赞赏，提升他为宰相。

武则天作为一位女性，掌权初期有很多反对的声音，因此任用酷吏来俊臣等人来打击反对者，长达十年之久。来俊臣死后，武则天问身边的侍臣："从前来俊臣杀了很多谋反者，怎么他死后就没有人谋反了？"姚崇回答："那些以谋反罪被杀的官员，都是含冤被迫认罪的，酷吏借此邀功请赏。陛下虽曾派人复审，但是他们怕被酷吏盯上，不敢较真。罪人害怕遭到毒手，也不敢翻供。臣敢用全家人的性命担保，今后再也不会有谋反之人。如果陛下再接到告密信，请不要相信，出了差错臣愿受罚。"武则天十分高兴地说："你说得很对。都怪从前的宰相一味顺从，使朕成了滥用刑罚的君主。"下旨赏赐姚崇白银千两，以示褒奖。

▼ 姚崇劝谏武则天

后来，宰相张柬之等人趁武则天病重，发动"神龙政变"，拥立唐中宗复位。百官大摆庆功宴，个个欢呼雀跃，只有姚崇低声哭泣，被张柬之斥责。姚崇说："我服侍则天皇帝时间很长，突然辞别她，心里感到难过，这是作为臣子应有的操行。如果因此获罪，我心甘情愿。"不久，姚崇便被贬为地方官。

唐中宗去世后，唐睿宗即位，召回姚崇再次出任宰相。因为得罪了唐睿宗的妹妹太平公主，姚崇再次被贬为地方官。

唐玄宗即位之初，有志于改革积弊，整顿吏治，以恢复朝廷元气。为此，玄宗利用出行的机会，秘密召见了姚崇。经过一番深入交谈，玄宗决定让姚崇出任宰相。姚崇说："臣有十条施政纲领，如果陛下觉得不可行，那么恕臣无法从命。"接着提出矫正武则天时期弊政的十条措施，包括施行仁政、轻徭薄赋、罢黜（chù）宦官、打击权贵、重用贤臣、停止佛寺建造等等，切中时弊，字字珠玑。唐玄宗听后当即表示，自己全部可以做到。姚崇这才接受任命。

有一年，山东发生严重蝗灾。很多官员迷信蝗虫是天灾，不是人力所及，捕杀蝗虫会损伤天地和气，只有修养道德才能感动上天，消除蝗灾。老百姓也不敢捕杀蝗虫,只能祭拜神灵祈求保佑。姚崇坚决反对这种论调,对唐玄宗说:"古书上有很多捕杀蝗虫的记录,可见并没什么大不了。现在灾区百姓面对蝗虫蚕食禾苗,非但不敢消灭,反而焚香祭拜,眼看着粮食就要绝产。应该立即下令灭蝗。"

唐玄宗最终采纳了他的建议,派出专员监督灭蝗,但受到某些地方官的强烈抵制。姚崇大怒,发公文指责一名地方官说:"据说古代道德高尚的好官,蝗虫不敢进入他的辖区。现在你的辖区蝗灾肆虐,是不是因为你道德败坏啊?你眼看着蝗虫吞食禾苗,怎么忍心不去救灾呢?如果导致了饥荒该怎么办?希望你不要再迟疑,否则后果严重,追悔莫及!"那名地方官这才执行了灭蝗命令,有效避免了粮食减产。尽管如此,朝臣中间还是充满质疑的声音,姚崇慷慨激昂地说:"如果因为灭蝗虫、救百姓触怒了上天,那就请降祸于我,与各位无关!"姚崇顶着巨大的舆论压力坚持灭蝗,事实证明他的坚持是正确的。

后来,姚崇因病请假,朝政暂时交给另一位宰相处理,但遇到军国大事,玄宗都让他去咨询姚崇。假如这位宰相的奏疏符合圣意,唐玄宗就说:"这一定是姚崇的主意。"假如不合圣意,玄宗就质问他:"为什么不去问问姚崇的看法?"这位宰相只好如实回禀:"确实还没咨询过姚崇。"

虽然姚崇担任宰相的时间不长,但唐玄宗给予他充分的信任,使他充分施展才干,政治风气为之大变,经济得到发展,社会趋于稳定,为"开元盛世"奠定了基础,姚崇也因此被誉为"救时宰相"。姚崇离任时,向唐玄宗推荐宋璟接替自己。

721年,姚崇病逝,终年七十二岁。

经典原文与译文

【原文】黄门监卢怀慎谓崇曰:"蝗是天灾,岂可制以人事?外议咸以为非。又杀虫太多,有伤和气。今犹可复,请公思之。"崇曰:"……若救人杀虫,因缘致祸,崇请独受,义不仰关。"——摘自《旧唐书·卷九十六》

【译文】黄门监卢怀慎对姚崇说:"蝗虫是天灾,怎么可以人为干预?外界舆论都认为这样不对。况且杀虫太多,会损害天地和气。现在还来得及改变主意,请姚公你考虑考虑。"姚崇说:"……如果救百姓、灭蝗虫,因而招来灾祸,我姚崇请求独自承担,绝不牵连别人。"

放浪形骸(hái):放浪,放荡;形骸,人的形体。指行动不受世俗礼节的束缚。

好生恶(wù)杀:恶,讨厌。爱惜生灵,憎恶杀戮(lù)。

推贤进士:推,推举;进,引进,引荐。推举贤能,引荐人才。

宋璟列传

> 宋璟（663—737年），邢州南和县（今河北省南和县）人。唐朝名相，杰出的政治家。

一身正气的宰相

宋璟的远祖曾在北魏担任高官，父亲是一名低级地方官。宋璟自幼勤奋好学，工于文辞，为人正直，崇尚气节。

宋璟十七岁考中进士，进入仕途，为官清廉公正，受到皇太后武则天的重视，逐渐得到重用。

当时的宰相魏元忠为人正直，得罪了女皇武则天的男宠张易之、张昌宗兄弟。张氏兄弟诬陷魏元忠谋反，威胁宋璟的一位同僚作证，企图置他于死地。宋璟对这位同僚说："为人处世，名节最重要，你千万不要依附恶人，陷害忠臣。如果你因此受到迫害，我一定设法营救；如果没有做到，我将和你一同赴死。你一定要努力坚持，流芳百世便在此一举！"同僚被宋璟的话打动，见到武则天后说明真相，使魏元忠免于一死。

张氏兄弟意识到宋璟不好惹，便想方设法笼络他。有一次，举行宫廷宴会，位列九卿的张氏兄弟官居三品，坐在上首，而宋璟只是六品官，坐在下首。张易之对宋璟说："你是朝中第一人，怎么可以坐在下首呢？"宋璟说："我才能低劣，官职卑微，张卿却认为我是朝中第一人，这是什么道理？"

由于张氏兄弟深受武则天的宠爱，朝臣不敢直呼其名，便称呼张易之为五郎、张昌宗为六郎，而称别人为"卿"则不够尊重。有个官员就跳出来指责宋璟："你怎么叫五郎'张卿'呢？"宋璟说："按照官职，他位列九卿，称为张卿正合适。如果按排行，应该叫他张五。你又不是张家的奴仆，为什么要叫他五郎呢？真是个软骨头！"从此张易之对宋璟恨之入骨，多次在武则天面前诋毁他，不过武则天都没怪罪宋璟。

唐睿宗即位后，任命宋璟为宰相。睿宗的妹妹太平公主也像母亲武则天一样有极强的权力欲，而身为太子的李隆基成了她的绊脚石。太平公主便召集宰相谋划废黜太子，几位宰相听后都面色大变，只有宋璟勇敢地站出来说："太子有大功于天下，是真正的社稷之主，公

▲ 宋璟反对太平公主的计划

主为什么忽然有这种念头？"太平公主的计划被破坏，怀恨在心，将宋璟贬到偏远地区去做地方官。

　　唐玄宗即位，将宋璟调回朝廷任职。宰相姚崇辞职后，推荐宋璟接替自己。不久，宋璟随同玄宗巡幸东都洛阳，路过崤（xiáo）谷（在今河南省陕县境内）时，由于山高路窄，造成了车辇拥堵。玄宗龙颜大怒，准备罢免两名当地官员。宋璟劝阻说："陛下刚即位不久，就因为道路不畅这点小事罢免两位官员，臣深恐开了这个头，以后还会有很多人会遭到处罚。"玄宗认为很有道理，决定收回成命。

再度成为宰相的宋璟依旧保持着不畏权贵、直言进谏的品格。有一年，唐玄宗的岳父去世，他的儿子请求玄宗允许厚葬，按照五丈二尺（约为17米）的规格筑坟。宋璟坚决反对，对玄宗说："高坟厚葬不是贤人君子的追求。大家都追求奢侈，唯有破除陈规陋习的人才是真正的孝顺。陛下岳父的坟高三四丈就可以了。"玄宗听后称赞说："朕每做一件事都希望以身作则，在亲人的事情上也不破例。其他大臣都不敢说，只有你再三坚持，成就朕的美行，让朕留名青史，流芳百世。"当即重赏宋璟。

宋璟十分注重人才的选拔，坚持根据每个人的特点授予官职。对于没有才干的人，哪怕关系再硬也一概不用。有一个官员是唐玄宗即位之前的幕僚，玄宗为了照顾他，特意提升了他的官职。宋璟知道后对玄宗说："陛下照顾从前的僚属，合情合理。但这个人此前已经得到过优待，如果再给予特殊奖励，就显得与众不同了。请先将他交给吏部考察，如果合格再按照资历授官。"玄宗听后表示同意。

宋璟因为正直敢言得罪了很多人，做了四年宰相后被罢免，但唐玄宗依旧很信任他，给予非常高的待遇。姚崇勇于破旧立新，宋璟长于持正守成，二人相继为相，使得社会风气为之一变,为"开元盛世"做出了突出贡献。

737年,宋璟病逝,终年七十五岁。

经典原文与译文

【原文】 十二年,驾又东巡,璟复为留守。上临发,谓璟曰:"卿国之元老,为朕股肱(gōng)耳目。今将巡洛邑,为别历时,所有嘉谟嘉猷(yóu),宜相告也。"璟因极言得失,特赐彩绢等,仍手制曰:"所进之言,书之座右,出入观省,以诫终身。"——摘自《旧唐书·卷九十六》

【译文】 开元十二年(724年),唐玄宗再次东巡,宋璟又担任留守。玄宗临出发前,对宋璟说:"你是国家的元老,是朕的臂膀耳目。现在朕即将巡幸洛阳,和你分别一段时间,你有什么好的谋略,应该告诉朕。"宋璟便极力进言政事的得失,玄宗特意赐给他彩绢等物,并亲笔写下制书说:"你所说的话,朕书写在座位右边,以便经常阅览自省,用来警戒终身。"

词语积累

有脚阳春：阳春，温暖的春天。宋璟就像长了脚的春天，走到哪里，就把温暖带到哪里。比喻官吏施行德政。

党邪陷正：党，党同，伙同；陷，陷害。伙同坏人，陷害好人。

铁石心肠：心肠硬得像铁和石头一样。形容心肠很硬，不为感情所动。

张九龄列传

> 张九龄(678—740年),字子寿,韶州曲江县(今广东省韶关市曲江区)人。唐朝名相,杰出的政治家、诗人。

贤相与诗人

张九龄出身于一个官宦家庭,是"汉初三杰"之一张良的后人,祖父、父亲都在家乡附近担任过地方官。

张九龄自幼勤奋好学,七岁就能够下笔成文。十三岁时上书求见当地刺史,这位刺史见到他后感叹道:"这个孩子将来必成大器!"宰相张说(yuè)当时被贬谪(zhé)到岭南(泛指五岭以南地区),路过韶州见到张九龄后,对他十分欣赏。

张九龄二十五岁考中进士,进入仕途。后因与宰相姚崇政见不合,称病回乡侍奉老母。当时唐朝已经雄踞东方一百年,广州早已成为海外贸易的中心,是海上丝绸之路的重要始发港。而大庾岭(今江西、广东两省交界处)作为连接岭南与内陆的交通枢纽,虽有旧道,却早已荒废,制约了南北交通和商业发展。于是张九龄上疏朝廷,在旧道的基础上截弯取直,开辟了一条更便捷的新道。这条新道不仅为唐朝南北交通带来极大便利,而且泽及后世,宋代移民大量南迁时,就经由此道前往岭南。事后,张九龄因功被调回朝廷。

几年后,张说再次担任宰相,因赏识张九龄已久,又是同姓,便叙为同宗,时常说:"此人堪称后辈文士中的翘(qiáo)楚。"张九龄逐渐得到重用。

725年,唐玄宗封禅泰山,由张说负责拟定随行官员名单,入选者可得到破格提拔。张说利用职务之便,选了很多自己的亲信。张九龄负责起草诏书,看到名单后劝阻说:"官爵是天下之公器,应该先封赏德高望重的人,然后才到有功劳、有交情的人。这份诏书一公布,肯定会引起公愤。现在还可以更改,请慎重考虑,否则追悔莫及。"张说置之不理,诏书公布后果然一片哗然。后来张说因树敌太多被排挤出朝廷,张九龄也受到牵连,被贬为地方官。

几年之后,张说去世,唐玄宗想起他曾经多次向自己推荐张九龄，便又将张九龄调回朝廷，三年后任命他做了宰相。

有一年，胡将安禄山打了败仗，被押解到朝廷问罪。张九龄上疏说："必须按军法论处，不能赦免安禄山的死罪。"但是唐玄宗十分欣赏安禄山，特意赦免了他。张九龄一向以善于品鉴人物著称，提醒玄宗说："安禄山狼子野心，面有反叛之相，请趁机依律处死他，以绝后患。"玄宗却认为张九龄是在陷害忠良，将安禄山放回去让他戴罪立功，后来又重用他，果然酿成"安史之乱"。

张九龄作为首席宰相，在诸多问题上与唐玄宗意见相左，被另一位城府深沉的宰相李林甫看在眼里。当时，玄宗宠爱武惠妃，想废黜太子李瑛（yīng），册立武惠妃的儿子为太子。张九龄说："太子是国家的根本，并无过错，地位不可以轻易动摇。隋文帝听信后妃谗言，废黜长子，改立次子，结果弄得国破家亡，陛下不能不谨慎啊！"废太子的事就这样搁置下来，但唐玄宗因此很不高兴。李林甫当面保持沉默，私底下却表态支持玄宗，玄宗与武惠妃对他的表现十分满意。

后来，边将牛仙客因为节省费用、仓库充实、武器精良，玄宗对他很赏识，想将他调回京城担任尚书。张九龄反对说："根据惯例，尚书应该由卸任的宰相或德高望重的大臣担任。牛仙客出身于边疆小吏,一下子让他担任要职,天下人会怎么说呢?"玄宗为此十分恼怒。第二天,李林甫故伎重演,玄宗见也李林甫支持自己,打定主意重用牛仙客,同时罢免了张九龄。从此,李林甫成为首席宰相,逐渐把持了朝政。张九龄成为"开元盛世"最后一位名相。

张九龄不仅是一位贤相,同时还是著名诗人,被誉为

▼ 张九龄被贬

"岭南第一人"。他的诗风劲炼质朴,寄托深远。入选《唐诗三百首》卷首的《感遇》一诗,就是张九龄高尚品格的真实写照;他的另一首《望月怀远》中的"海上生明月,天涯共此时",更是脍炙人口的千古佳句。

740年,张九龄病逝,终年六十三岁。十五年后,安禄山举兵谋反,唐玄宗仓皇逃往四川,想起张九龄曾经劝自己杀死安禄山,追悔不已。后世史家也多将玄宗罢黜张九龄、专任李林甫作为唐朝由治入乱的分水岭。

经典原文与译文

【原文】后宰执每荐引公卿,上必问:"风度得如九龄否?"故事皆搢(jìn)笏(hù)于带,而后乘马,九龄体羸(léi),常使人持之,因设笏囊。——摘自《旧唐书·卷九十九》

【译文】后来宰相每次推荐高级官员,唐玄宗一定会问:"他的风度能比得上张九龄吗?"按照旧例,官员都要将笏板插在腰带上,然后骑马,张九龄身体羸弱,经常让人帮忙拿着,因此设置了笏囊。

二十四史马上读,语文历史都进步

颠倒衣裳(cháng): 衣裳,古代穿在上身的为衣,下身的为裳。颠倒了上衣和下裳。形容因慌乱而弄乱了顺序,比喻贵贱颠倒。

滔滔不绝: 滔滔,水流连续不断的样子。像水流一样不间断,比喻话多而流畅。

弋者何慕: 弋者,射手;慕,艳羡,引申为觊觎。射手何必觊觎高飞的鸟儿?比喻贤能的人隐居,免得落入残暴的人手中。

旧唐书·高仙芝列传

高仙芝列传

> 高仙芝（？—756年），高句丽国（地跨东北地区与朝鲜半岛北部）人。唐朝中期名将。

含冤而死的一代名将

高仙芝本是高句丽（gōu lí）人，父亲在唐朝担任过将军，战功卓著。高仙芝容貌英俊，善于骑马射箭，骁勇善战，性格果断。少年时期跟随父亲出征，二十多岁就当上了将军，和父亲的品级相同。后来逐渐得到唐玄宗的重用，成为长驻西北地区的一员大将。

有一天，高仙芝带着身穿华服的随从出门，有个三十多岁的人请求做他的随从。高仙芝见这个人相貌丑陋，又瘦又跛，眼睛还有毛病，就推托说："我的随从已经招够了，你还来做什么？"这个人愤怒地说："我是仰慕将军的高义才来投奔，如果以貌取人，恐怕会错失人才。"高仙芝

▲ 封常清拜见高仙芝

还是不愿接纳。这个人就每天到门前等待,高仙芝没办法,只好让他做自己的随从。这个人就是封常清,非常有才干,后来成为高仙芝的得力助手。

有一个部落发生叛乱,高仙芝奉命追讨,大获全胜。封常清私底下替高仙芝拟好了捷报,将此次战役的行军路线、宿营地点、敌我形势、取胜策略都写得周密精当、条理分明。高仙芝想说的,封常清都替他讲清楚了。高仙芝大为赞赏,直接呈报。在庆功宴上,有两名副官问高仙芝捷报是谁写的,高仙芝说:"是我的随从封常清。"两名

旧唐书·高仙芝列传

副官立即请封常清入座,像老朋友一样和他亲密交谈,众人从此对他刮目相看。此后,封常清不断获得提拔。

当时,青藏高原上的吐蕃(bō)日益强盛,对唐朝边境构成重大威胁。唐朝的一个属国小勃律国(今克什米尔地区北部)被吐蕃招降,吐蕃赞普将公主嫁给了小勃律王。附近很多小国随之归顺吐蕃,停止对唐朝的朝贡。唐玄宗多次派兵征讨小勃律,都未能取胜,便下令高仙芝率军征讨。

高仙芝吸取前几次失败的教训,认为小勃律地形险要,又有吐蕃为外援,不能强攻,只能智取。他先是兵分三路,突袭了吐蕃的一个重要据点,斩断了吐蕃通往小勃律的藤桥。接着,高仙芝派出先锋军对小勃律王说:"我们不攻打你,只是借道去打其他国家。"随即设计斩杀了几名亲附吐蕃的酋长。由于桥梁被斩断,吐蕃援军无法通过,小勃律王对高仙芝的目的心知肚明,只好带着吐蕃公主出来投降。附近的七十二个小国受到震慑,都归顺了唐朝。

两年后,另一个属国背叛唐朝,归附吐蕃。高仙芝第二次远征,再次击败吐蕃,并俘虏了这个属国的国王。至此,唐朝在西部地区的声望达到顶峰,高仙芝也抵达荣誉的顶点,被吐蕃与大食誉为"山地之王"。

755年，镇守河北（今河北省大部）的胡将安禄山谋反，指挥十五万精兵所向披靡。此时，封常清正在京城长安，唐玄宗惊恐不已，急令他去洛阳（今河南省洛阳市）募兵迎战。接着又任命高仙芝为副元帅，宦官边令诚为监军，招募了一批市井子弟，加上若干杂牌军，总计五万人。

　　封常清在洛阳招募到六万人，全都没有接受过军事训练，交锋后一触即溃，连败几场，只好撤退。封常清在陕州（今河南省三门峡市）遇到高仙芝，对他说："叛军来势汹汹，锐不可当。现在潼关（今陕西省渭南市潼关县境内）没有兵力把守，如果遭到袭击，长安就保不住了。我们应该放弃陕州，紧急赶到潼关驻守！"潼关是长安东面最后的屏障，战略位置至关重要，高仙芝同意了他的建议。

　　高仙芝撤离途中，安禄山叛军已经追来，高仙芝被打得溃不成军。到达潼关后，高仙芝立即下令加固城防，做好军事部署，叛军久攻不下，只好撤退。高仙芝终于将叛军挡在潼关以东，使战局有所好转。

　　监军边令诚不懂军事，但事事都要干预，高仙芝不肯听从他的话。边令诚怀恨在心，向唐玄宗报告，说封常清接连失利，高仙芝克扣军饷，有辱圣命。玄宗勃然大怒，下令将二人处死。封常清写好一封奏疏，陈述当前的战争形势和应对策略，提醒玄宗不可轻敌，但没有等到面陈战局的机会，便被边令诚处死。

随后，边令诚率领一百名长刀手，将高仙芝带到处死封常清的地方，宣布了他的"罪行"。高仙芝对边令诚说："我战败撤退，的确有罪，万死不辞。但说我克扣军饷、贪污赏赐却是诬陷。苍天在上，后土在下，士兵也都在这里，事情真相如何，难道你心里不清楚吗？"

接着对将士们说："我在京城招募你们，是想带领你们打败叛军，立功受赏！我如果有罪，你们可以揭发；如果没有，你们应该替我鸣冤。"

士兵们齐声高喊"冤枉"，声音惊天动地。高仙芝又对着封常清的尸体说："你是我提拔的，又接替我做节度使，现在我们死在一起，莫非是天命吗？"说完从容赴死。

高仙芝镇守西部几十年，为维护边陲安全，加强与西域的联系做出了贡献，而退守潼关的策略无疑也是正确的。唐玄宗偏信谗言，冤杀两位经验丰富的大将，引起了军心动摇，对平定"安史之乱"产生了严重的不利影响。

经典原文与译文

【原文】仙芝喜谓令诚曰:"向吾半渡贼来,吾属败矣,今既济成列,是天以此贼赐我也。"遂登山挑击,从辰至巳,大破之。——摘自《旧唐书·卷一百零四》

【译文】高仙芝高兴地对边令诚说:"先前我们渡河到一半时贼兵进攻,我们就败定了,现在已经渡过大河排成队列,这是上天把这些贼兵赐给我啊。"于是登上山峰挑战攻打,从辰时打到巳时,大败吐蕃人。

赏罚分明:该赏的赏,该罚的罚,处理得清楚明白。形容处理事情严格公正。

郭子仪列传

> 郭子仪（697—781年），华州郑县（今陕西省渭南市）人。唐朝中兴名将、军事家，世称"郭令公"。

● 再造华夏的赫赫名将

郭子仪出身于中原八大姓族之一的太原郭氏，父亲曾做过地方官。他身材魁梧，相貌堂堂，早年参加武举考试，名列前茅，成为一名低级军官。后来凭借军功逐渐受到重用，成为西北地区独当一面的军事长官。

755年，"安史之乱"爆发，朝廷下令郭子仪停止服丧，率军平叛。郭子仪闻命即行，接连收复河东（今山西省大部）诸多城池，兵锋直指叛将安禄山的大本营范阳（今北京市）。恰逢唐玄宗逼迫镇守潼关的名将哥舒翰出战，结果唐军战败，玄宗逃亡，东都洛阳、京城长安先后沦陷。不久，玄宗的儿子唐肃宗继位，任命郭子仪为宰相，升任副元帅。

郭子仪会合其他部队和回纥（hé）军队，三个多月就先后收复了长安、洛阳，唐肃宗感激地说："这虽是我的国家，却是由你再造啊！"

郭子仪立下不世之功，威望大增，又手握重兵，引起了大宦官鱼朝恩的忌妒和唐肃宗的猜疑。后来，郭子仪作战失利，鱼朝恩趁机向肃宗进谗言，免去了他的军职，召回长安赋闲。

唐代宗即位后，朝廷继续集中主要兵力对付叛军，西北边境无暇顾及，青藏高原上的吐蕃（bō）趁机向东发展。"安史之乱"结束仅半年，吐蕃便开始大举东侵，边将向朝廷告急，把持朝政的宦官却隐瞒不报。等吐蕃军队即将抵达长安，唐代宗才得到消息，急忙重新起用郭子仪为副元帅，自己逃离长安。郭子仪匆忙上任，手里没有军队，只临时凑集了二十名骑兵，而吐蕃大军已经占领了长安，且人数有二十万之多。

郭子仪镇定自若，沿途收容被打散的士兵，终于聚拢起一支队伍，唐军的士气慢慢振作起来。唐代宗担心吐蕃趁势东进中原，召他面谈，郭子仪说："臣没有光复长安，没有脸面拜见陛下。只要我还在，必定阻止吐蕃人东进！"唐军各支部队听说郭子仪还在，纷纷表示听命。郭子仪派出小部队骚扰吐蕃军，白天击鼓张旗，夜晚点起火炬，虚张声势。又派几百人夜里在长安城中击鼓呐喊，宣称郭子仪即将率领大军到来。吐蕃人虚实难辨，不敢贸然行动，又不堪其扰，只得撤军。长安被攻占十五天后，就这样化险为夷。唐代宗回到长安，惭愧地对郭子仪说："朕不能早用你，才弄成这个样子。"

764年，蕃（fān）将仆固怀恩谋反，勾结吐蕃、回纥、党项等部，率领几十万大军入侵。唐代宗问郭子仪应该怎么办，郭子仪说："仆固怀恩虽然骁勇善战，但不得人心。他的手下都是臣的旧部，他们会忍心进攻臣吗？"仆固怀恩派人前来挑战，将领们都要求发起进攻，郭子仪制止他们说："敌人深入我境，速战速决对他们有利，我们不必和他们争胜。仆固怀恩的手下长期受我的恩惠，拖些时间他们就会动摇。假如逼迫他们立即交战，胜败难料。有再敢说开战的，军法从事！"郭子仪采取坚守不出的策略，叛军果然动摇，自行退去。

765年，仆固怀恩谎称大唐皇帝和郭子仪都已去世，再度联合吐蕃、回纥等部，率领三十万大军卷土重来，兵锋直指长安，唐代宗急忙命令郭子仪守卫军事重地泾阳（今陕西省泾阳县）。当时泾阳城被团团围住，郭子仪带领两千名骑兵和他们交战，回纥军队这才知道郭子仪没有死，大吃一惊地说："仆固怀恩说大唐皇帝和郭令公都去世了,他欺骗了我们。"

郭子仪派人对他们说:"当年回纥帮助大唐平定安史之乱,我与你们并肩作战,永生难忘。现在你们却背信弃义,帮助叛臣,多么愚蠢啊!况且仆固怀恩背叛君主、抛弃母亲,能对回纥好吗?"回纥人请求会见郭子仪,将领们都认为不应该轻信回纥人,郭子仪却说:"敌人的兵力是我军的几十倍,我们无法匹敌。至诚可以感

▼ 郭子仪抚慰回纥士兵

动神明，何况回纥人呢？"于是，他只带着少数随从，从容走到回纥人面前，摘下头盔慰问他们说："大家还好吧？我们长期共守忠义，何必打仗呢？"郭子仪威望极高，被回纥士兵视为父亲，回纥人看清确实是郭子仪，扔掉兵器跳下战马，跪下说："果真是我们的父亲啊！"随即把酒言欢。正巧仆固怀恩暴病而死，回纥人接受郭子仪的建议，进攻吐蕃。吐蕃连夜撤回，唐军、回纥军紧追不舍，歼灭吐蕃六万人，大获全胜。郭子仪为了国家安定，冒着生命危险独闯虎穴，用崇高威望分化了来犯之敌，再一次挽救了岌岌可危的唐王朝。

781年，郭子仪病逝，终年八十五岁。唐德宗下诏高度评价郭子仪，重申他有"再造华夏"之功。

经典原文与译文

【原文】三月，子仪辞赴镇，肃宗不豫，群臣莫有见者。子仪请曰："老臣受命，将死于外，不见陛下，目不瞑矣。"帝乃引至卧内，谓子仪曰："河东之事，一以委卿。"子仪呜咽流涕。——摘自《旧唐书·卷一百二十》

【译文】宝应元年（762年）三月，郭子仪陛辞前往边镇，唐肃宗患病，群臣没有人能见到他。郭子仪请求说："老臣接受诏命，将要战死在外边，不见陛下，死不瞑目啊。"唐肃宗于是命人将郭子仪带进寝宫里，对郭子仪说："河东的战事，全都拜托你了。"郭子仪痛哭流涕。

词语积累

料敌如神：料，预料。形容对敌人的行动预计十分准确。

不痴不聋，不做家翁：家翁，家长。不装聋作哑，就做不成一家之主。指作为长辈，对晚辈的过失要会装糊涂。

旧唐书·刘晏列传

刘晏列传

> 刘晏(715—780年),字士安,曹州南华县(今山东省东明县)人。唐代经济改革家、理财家。

● 大乱之后的理财能臣

刘晏自幼聪慧过人,勤奋好学,很有文采。

725年,唐玄宗封禅泰山,刘晏来到玄宗驻地进献颂文。玄宗对这么小的孩子就擅长写文章感到惊奇,命令宰相张说(yuè)考察刘晏。张说考察完后,对玄宗说:"这孩子是国家的祥瑞。"玄宗当即封赏了刘晏。大臣们也纷纷邀请刘晏,誉之为"神童"。刘晏的名声轰动一时。

刘晏成年后步入仕途,逐步升官为县令。由于治理得法,虽然从不催促百姓缴纳赋税,但总能按期完成任务。后来到各地做官,都十分称职,当地百姓树碑歌颂他的政绩。后来,刘晏被调到中央任职。

755年,"安史之乱"爆发,京城长安沦陷,刘晏为躲避战乱来到南方。当时唐肃宗已经即位,他的弟弟永王李璘(lín)却在南方招兵买马,拥兵自重。李璘用高官拉拢刘晏,刘晏坚决拒绝,给宰相写信说:"现在各位亲王刚刚走出深宫,想要建立齐桓公、晋文公那样的霸业,绝不可能。"

这时,朝廷任命刘晏主管江淮地区的财政工作,正赶上李璘谋反。他帮助当地官员出谋划策,坚守城池,李璘听说是刘晏在出主意,知难而退。事后,刘晏对自己的功劳绝口不提。

后来,刘晏被调到中央,主持全国的财政工作,没多久遭人陷害,被贬为地方官。唐代宗即位后,将刘晏再次调回中央掌管财政。当时"安史之乱"刚刚结束,长期战乱给社会经济带来了重创,长安的米价竟然高到一千钱一斗,连皇宫的膳食储备都不足三个月。

刘晏上任后,亲自巡视天下河道,将漕运调查结果上报给宰相元载。元载当时忙于专权,将漕运事宜交给刘晏全权办理。刘晏吸取前人失败的教训,根据河道情况,采取分段运输的方式,低成本完成了漕运任务。

当满载粮食的船队到达长安后,唐代宗专门派出使者,在河边奏乐迎接,慰劳刘晏说:"你就是朕的萧何啊!"

▲ 刘晏疏通漕运，运粮船队抵达长安

漕运改革每年给京城带来四十万斛（hú）粮食，即便关中地区出现水灾旱灾，也不用担心粮价暴涨。

  刘晏认为，管理好财政重点在于选拔人才。他不用小吏，而是专门从刚刚进入仕途的士人当中选拔税务官，到各地督缴赋税。刘晏解释说："士人有爵位和俸禄，就把名声看得比利益重。小吏没有荣誉和晋升机会，就把利益看得比名声重。"因此，刘晏任用的人即便在千里之外，也能高效完成工作，不敢有所隐瞒。对于权贵们走后门安排进来的人，刘晏都给予优厚的待遇，但不让他们插手具体事务。

刘晏还改革了榷（què）盐法。此前，全国各地都设置盐官，不允许商人染指盐业。刘晏只在盐产地设盐官，负责从盐户手里统一收购食盐，然后转卖给商人，任由他们到各地贩卖。

这就形成了民产、官收、商人运输销售的产业链，有效避免了各地盐官扰民的乱象，保护了私商的利益，为国家增加了赋税。十几年后，朝廷的盐税增加了十倍，但百姓并没有增加负担。

为了平衡物价，刘晏精心挑选一批精干廉洁的人到各地搜集气候、收成和灾情的情况，定期向朝廷汇报。刘晏将这些情况进行汇总，然后将丰收地区的粮食用高于市场价的价格买来，卖到歉收的地区去，这种方法叫作常平法。

推行常平法以后，不仅朝廷可以获利，而且有效平衡了粮价。如果各地出现灾荒的征兆，这些人就会报告朝廷，朝廷可以提前准备赈灾工作。老百姓的生活得到了保障，因战乱而遽（jù）减的人口得以逐渐恢复。

到刘晏晚年，朝廷掌握的户口从最初的不足两百万户增长到三百多万户。户口的增长意味着纳税人口增多，朝廷的赋税自然也就多起来。

777年，宰相元载因专权获罪，刘晏参与审理元载，将他判了死刑。元载的党羽杨炎受到牵连被贬职，对刘晏怀恨在心。

两年后，唐代宗去世，儿子唐德宗即位，杨炎东山再起成为宰相。为了报复，杨炎捕风捉影，声称刘晏当年曾反对立德宗为太子，借此激怒德宗。唐德宗听信了杨炎的话，将刘晏贬为地方官。杨炎还不满足，继续陷害刘晏，最终致使刘晏含冤被杀，终年六十六岁。

刘晏死后，他当年选拔的部下继续掌管财政，长达二十多年，都很有刘晏的风范，为唐朝的经济发展做出了重要贡献。

经典原文与译文

【原文】晏理家以俭约称，而重交敦旧，颇以财货遗（wèi）天下名士，故人多称之。善训诸子，咸有学艺。任事十余年，权势之重，邻于宰相，要官重职，颇出其门。——摘自《旧唐书·卷一百二十三》

【译文】刘晏治家以节俭著称，而注重交友敦睦故

旧，将很多财物送给全国各地的名人，所以人们经常称赞他。他善于教育各个儿子，都学有所成。他任职十多年，权势的显赫程度，接近宰相，重要的官职，很多出自他的门下。

名震一时：名声震动当时的社会。

刘晏粟：粟，小米，泛指粮食。刘晏每年调运江淮粮食四十万斛供应关中，解决了粮价暴涨问题。后人因以此指称善于理财，政绩卓著。

旧唐书·颜真卿列传

颜真卿列传

> 颜真卿（709—784年），字清臣，别号应方，祖籍琅玡郡临沂县（今山东省临沂市），出生在京兆府万年县（今陕西省西安市长安区）。唐朝名臣、书法家。

以身殉国的书法大家

颜真卿的先祖颜之推、颜师古都是著名的大学者，他三岁丧父，母亲抚养他长大，很重视对他的教育。

颜真卿自幼勤奋好学，博览群书，工于辞章，尤其擅长书法。他的家族中很多长辈都以书法闻名，给予他很多指导。由于家境贫寒，没钱买纸笔，颜真卿便用黄泥涂墙，在上面练字。

进入仕途后，颜真卿特意向"草圣"张旭请教笔法。颜真卿的求学诚意，打动了不肯轻易授徒的张旭，便将大书法家钟繇（yáo）独创的"笔法十二意"倾囊相授，又将唐初大书法家褚遂良的用笔秘诀"如锥画沙,如印印泥"告诉他。在张旭的悉心指导下,颜真卿的书法突飞猛进。

但颜真卿的仕途很不顺利,由于他为人正直,疾恶如仇,遭到奸相杨国忠的忌恨,被排挤出朝廷,到平原郡(今山东省陵县)担任太守。

这时,负责镇守河北(今北京市、河北省及山东省部分地区)的胡将安禄山已经露出反叛的苗头,平原郡恰好在安禄山的管辖之下。

颜真卿敏锐地察觉到他必然叛乱,借口阴雨连绵,加紧修补城墙,疏通护城河,挑选壮丁,充实府库,以防不测。为了迷惑安禄山,颜真卿每天与一帮文人雅士泛舟饮酒。安禄山果然以为他只是一介书生,没有防备他。

等到安禄山谋反,黄河以北地区全部沦陷,只有平原郡池深城固,坚持抵抗。唐玄宗得知河北沦陷,感叹说:"河北二十四个郡,难道就没有一个忠臣吗?"等到颜真卿的使者入朝,玄宗非常振奋地说:"朕都不知道颜真卿长什么样子,没想到他这么忠诚!"

不久,颜真卿的堂兄、常山郡(今河北省正定县)太守颜杲(gǎo)卿与儿子颜季明,因为誓死不降,都被叛军杀害。颜真卿派人去寻访,只找到了颜季明的头骨。

颜真卿悲痛不已，写下了著名的《祭侄文稿》。由于胸中满是国仇家恨，颜真卿书写时情如潮涌，一气呵成，在尽情挥洒中越发显示出运笔结体的浑然天成。后人将《祭侄文稿》誉为"天下第二行书"，其地位仅次于王羲之的《兰亭集序》。

随着东都洛阳和京城长安相继沦陷，颜真卿等人在河北地区坚持抵抗的力量越发孤立，叛军也加强了进攻，除平原郡等三个郡外，全部沦陷。

颜真卿对大家说："叛军来势汹汹，不可抵挡。如果投降，会使朝廷受辱，不如直接赶赴皇帝的临时驻地，如果因此获罪，我死而无憾。"于是放弃郡城，渡过黄河赶到凤翔府（今陕西省凤翔县）拜见唐肃宗。虽然颜真卿在河北抵抗安禄山的行动最终以失败告终，但极大地牵制了叛军西进的步伐。

回到朝廷后，颜真卿屡遭排挤，仕途依然不顺。后来，淮西（今河南省、安徽省一带）节度使李希烈谋反，奸相卢杞向朝廷建议派颜真卿前去招抚。颜真卿明知凶多吉少，还是毅然奔赴淮西。

在一次宴会上，有人劝李希烈称帝后任命颜真卿为宰相，颜真卿愤怒地斥责说："你们听说过常山太守颜杲卿吗？他是我的哥哥。安禄山造反时，他首举义兵，直到被

▲ 颜真卿怒斥叛军

害时还骂贼不止。我会像他一样坚守气节，死而后已，怎能受你们的引诱威胁！"

颜真卿坚决不肯投降，被李希烈杀害，终年七十六岁。

颜真卿不仅是一代名臣，更以书法家闻名于后世。唐初书法在王羲之的笼罩之下，欧阳询、褚遂良都是学王而又自成面貌，风行一时。

颜真卿在继承传统的基础上加以创新，他的楷书宽博方正，笔势雄浑，大气磅礴，被称为"颜体"。其楷书《多宝塔碑》《颜勤礼碑》《颜家庙碑》，行书《争座位帖》，都是不可多得的艺术珍品。颜真卿与稍晚于他的大书法家柳公权齐名,合称"颜柳",有"颜筋柳骨"之誉。

宋代大诗人、书法家苏轼评价颜真卿的书法"雄秀独出,一变古法",就像杜甫的诗歌一样具有天纵之才。"颜体"成为我国书法史上继王羲之"右军体"之后又一座里程碑,他的楷书代表了唐代书法的最高成就,对后世影响深远。

经典原文与译文

【原文】车驾自陕将还,真卿请皇帝先谒五陵、九庙而后还宫。宰相元载谓真卿曰:"公所见虽美,其如不合事宜何?"真卿怒,前曰:"用舍在相公耳,言者何罪?然朝廷之事,岂堪相公再破除耶!"载深衔之。——摘自《旧唐书·卷一百二十八》

【译文】皇帝的车驾将要从陕州回到京城,颜真卿请求唐代宗先拜谒五陵、九庙以后再回宫。宰相元载对颜真卿说:"你的意见虽然很好,可为什么这么不合事理呢?"颜真卿发怒,上前说:"用不用取决于宰相您,提建议的人有什么罪呢？然而朝廷的事，怎么经得住宰相您再次破坏呢？"元载很记恨他。

御史雨：御史，古代的监察官员。颜真卿以御史的身份平反冤狱，当地马上下起大雨，旱灾解除。

力透纸背：透，穿过。书法刚劲有力，以至于笔锋透到纸张背面。也形容诗文立意深刻，词语精练。

李泌列传

> 李泌（bì）（722—789年），字长源，祖籍辽东郡襄平县（今辽宁省辽阳市），生于京兆府（今陕西省西安市）。唐朝中期杰出的政治家、宰相。

从白衣山人到当朝宰辅

李泌出身于官宦世家，祖上曾做过北周的高官，父亲做过县令。

李泌自幼聪明机敏，七岁就工于文章，尤其擅长作诗，被誉为"神童"。唐玄宗得知后召见李泌，让宰相张说（yuè）考察他的才智，他都对答如流。唐玄宗感到诧异，称赞说："这个孩子的心智超出他的实际年龄。"下旨厚赏。李泌以王佐之才自许，宰相张九龄也非常器重他，称呼他为"小友"。

李泌长大后，博通经史，精研《易象》，上书陈说对时政的看法。唐玄宗看后赞赏不已,命他进入东宫侍奉当时还是太子的唐肃宗。奸相杨国忠忌妒李泌的才干,向玄宗进谗言,从此他便隐居名山。

"安史之乱"爆发后,唐玄宗逃亡,唐肃宗在群臣拥戴下即位,马上派使者召见李泌。李泌见到肃宗后,陈述古今王朝兴衰成败的关键,肃宗大为赞赏,想要授予李泌官职,他坚决推辞,请求以宾客的身份自处。此后,李泌

▼李泌以宾客身份辅佐唐肃宗

经常与肃宗议论军国大事,外出时与肃宗同乘一辆车辇,人们指着两人说:"穿黄衣服的是圣上,穿白衣服的是山人李泌。"

后来,唐肃宗任命李泌为皇长子广平王李俶(chù)的属官,并对他说:"你在太上皇天宝年间,是朕的师友,现在担任广平王的行军司马,朕父子三人,都得益于你的道义。"

当时,军中正在讨论平叛元帅的人选,大家都倾向于唐肃宗第三子、建宁王李倓(tán)。李泌秘密对肃宗说:"建宁王的确很贤明,但广平王是嫡长子,有做君主的气度,应该让他做元帅。"肃宗说:"广平王已经确定为太子的人选,何必再做元帅呢?"李泌说:"假如元帅立下战功,众望所归,陛下不让他做太子,还办得到吗?太宗皇帝和太上皇就是例子啊!"肃宗恍然大悟,采纳了李泌的建议。

唐肃宗做太子时,曾多次被权相李林甫谗害,十分痛恨他,打算掘坟焚尸泄愤。李泌认为这样做会显得天子心胸狭隘,容易授人以柄。肃宗不高兴地说:"你难道忘了从前的事吗?"李泌委婉地劝谏说:"臣考虑的不是这些。现在太上皇心情失落,加上年事已高,假如听说陛下对旧怨念念不忘,将会十分难堪。万一因此生了病,该如何是好?"肃宗这才醒悟,抱着李泌的脖子痛哭说:"朕没有想得这么周全。"

肃宗向李泌询问平定安史之乱的期限，李泌分析认为两年内就能打败叛军，说："让郭子仪、李光弼（bì）等人多方牵制叛军，把对方的战线拉长，从河北（今北京市、河北省一带）到关中（今陕西省中部），首尾不能相顾，精锐部队不出一年就会被拖垮。我军以逸待劳，敌进我退，敌退我打，最后直取叛军老巢。"肃宗都遵照执行，结果都不出李泌所料。可惜肃宗最终还是犯了急功近利的错误，不顾李泌的劝阻，导致战争持续了八年。

唐肃宗去世后，儿子广平王即位，是为唐代宗。代宗马上将隐居衡山（今湖南省衡阳市境内）的李泌召回。皇帝对李泌这种超乎寻常的信任，受到宰臣的忌恨和排挤，李泌多次被贬为地方官，所到之处往往政绩卓著，其中尤以担任杭州（今浙江省杭州市）刺史最为人称道。杭州位于大海边，水泉咸苦，因此人口很少。李泌专门开凿了六口水井，将西湖水引入其中，解决了居民用水问题，杭州的人口逐渐增加，从此进入快速发展期。

唐代宗的儿子唐德宗即位，又将李泌召回，任命为宰相。上任之初，李泌与平叛有功的名将李晟、马燧（suì）一起觐见德宗，德宗对李泌说："朕要与你约定在先，从前你受了很多委屈，但不能借机报复。对你有恩的人，朕会替你报答。"李泌说:"臣一向信奉道家清静无为之说,不与人结怨。曾经害过臣的人,已经自食恶果;曾经帮过臣的人,现在都已显达。臣没有什么恩怨要报。臣也想和陛下有个约定,可以吗?"德宗爽快地答应。李泌说:"愿陛下不要杀害功臣。李晟、马燧都对国家有大功,最近有人谗毁他们,如果陛下不因为他们功高而心生猜忌,他们也不因为官高而惊疑不安,那么天下就不会有事了。"德宗认为李泌说得很对,欣然接受,李晟、马燧感动得流下眼泪。

789年,李泌去世,终年六十八岁。李泌终生信奉老庄无为之学,淡泊名利,谢绝禄位,多次拒绝担任宰相,远离朝堂隐居山林,受到肃宗、代宗、德宗三代皇帝的信任。

经典原文与译文

【原文】 泌称山人,固辞官秩,特以散官宠之,解褐拜银青光禄大夫,俾(bǐ)掌枢务。至于四方文状、将相迁除,皆与泌参议,权逾宰相,仍判元帅广平王军司马事。肃宗每谓曰:"卿当上皇天宝中,为朕师友,下判广平王行军,朕父子三人,资卿道义。"其见重如此。——摘自《旧唐书·卷一百三十》

【译文】 李泌自称山人,坚决辞去官位品秩。唐肃宗特意任命他为散官,以示恩宠,让他脱下布衣直接任银青光禄大夫执掌政务。甚至各地的文件、将相的任免,李泌都参与商议,权力超过宰相,还担任元帅广平王李俶的行军司马。唐肃宗经常对他说:"你在太上皇天宝年间,是朕的师友,现在担任广平王的行军司马,朕父子三人,都得益于你的道义。"他受到皇帝的器重到这种程度。

破桐之叶: 破裂开的梧桐树叶。比喻已经分开无法复合的事物。

邺(yè)侯书: 邺侯,李泌被封为邺县侯。李泌的父亲在家中藏书,戒令子孙不准出门,在家读书。借指藏书众多。

李晟列传

> 李晟（shèng）（727—793年），字良器，洮（táo）州临潭县（今甘肃省临潭县）人。唐朝中期名将。

● 力挽狂澜的中兴名将

李晟出身于武将世家，祖父、父亲都在西北地区担任过将领。李晟幼年丧父，性格刚烈勇敢，长大后身高六尺（约为两米），勇猛无比，擅长骑马射箭，很有才干。

李晟十八岁参军，投入名将王忠嗣麾下，很快就在战斗中有了突出表现。

当时，王忠嗣进攻吐蕃（bō），一名作战勇猛的吐蕃将领据城抵抗，唐军将士伤亡惨重，却始终无法攻入。王忠嗣大怒，招募箭法高超的士兵对付他，李晟上前一箭就将他射死。唐军大声欢呼，王忠嗣重赏了李晟，夸奖说："这个人是万人敌啊！"

▲ 李晟一箭射死吐蕃将领

769年,上司命令李晟率领五千名士兵攻打进犯边境的吐蕃军队,李晟说:"带五千人强攻显然不够,智取又太多。"于是只带一千人进行袭击,摧毁了敌人的一个重要据点,擒获守将,焚毁军用物资,大胜而归。

后来,李晟的上司被吐蕃军队围困,形势十分危急。李晟率军进攻吐蕃军队的腰部,打得他们首尾不能相顾,大败而退,成功救出上司。李晟威名大振,被封为郡王。这位上司非但不感激李晟,反而忌妒他的威望超过自己,多次排挤他。李晟被调到京城长安担任禁军将领,离开了他生活、战斗了大半生的西北地区。

782年,淮西地区(今河南省、安徽省一带)发生叛乱,朝廷命令各地军队前往平叛。第二年十月,泾原镇(今甘肃省、宁夏回族自治区部分地区)的士兵经过长安时又饿又冷,请求朝廷封赏被拒绝,发生哗变,随即占领长安,拥立被罢免军职的节度使朱泚(cǐ)为帝,唐德宗仓皇逃往奉天县(今陕西省乾县)。

李晟受命讨伐泾原镇叛军,另一名将领李怀光也带领军队进驻长安附近,生怕李晟抢了功劳,请求唐德宗命令李晟与自己合军一处。李晟与李怀光会合后,发现他与朱泚暗中联络,反迹十分明显。情急之下,李晟假传圣旨,将自己的军队带回原驻地。不久,李怀光果然反叛。唐德宗惊慌失措，再次南逃到梁州（今陕西省汉中市），任命李晟为宰相，以安定人心。当时，李晟身处朱泚和李怀光两大势力之间，势孤力单。他先向叛军示弱，等粮草筹集充备以后，集结部队，慷慨激昂地对将士们说："现在国家多难，叛乱频发，陛下西巡。我世代蒙受皇恩，为国效命是臣子的本分。我将带领你们歼灭叛军，恢复王室，建立不世之功，你们愿意跟随吗？"三军将士都流着泪说："愿意效命！"各路勤王部队也都接受李晟的调度，李怀光感到害怕，仓皇向东逃窜。李晟被任命为平叛军队的副元帅。

李怀光的威胁解除后，李晟又谋划进攻占据长安城的朱泚。部将们认为，应该先打下外城的居民区和商业区，再进攻皇宫。李晟说："如果先进攻外围，叛军会利用狭窄的街道进行巷战，必定伤及百姓。叛军的重兵都驻扎在宫苑内，如果我军直接进攻那里，他们惊慌之下，一定忙着逃命，不光皇宫可以保全，商业贸易也不会受到干扰，这才是上策！"部将们都表示赞同。于是李晟命令各路勤王军队限期到达指定战场，多次与叛军交战都取得胜利。一天夜晚，李晟决定发起总攻，他派人偷偷扒开一段宫墙，一举攻入皇宫，叛军被打得四散奔逃。

收复长安后，李晟立即下令，不得骚扰百姓，即使在长安有亲属，也不得探亲，因此百姓没有受到惊扰，有些人直到第二天才知道长安已经易手。捷报传到梁州，大臣们上奏说："像李晟这样不毁坏宗庙，不惊扰百姓，不中断贸易，就收复国都的，自古以来都没有。"唐德宗也感慨地说："天生李晟，不是为朕，是为了社稷苍生啊！"随后返回长安，重赏李晟。

李晟从此威名远扬，觊觎中原的吐蕃将他和另外两名唐朝将领视为三大劲敌，企图用离间计消灭他们。786年，吐蕃的宰相率兵进犯，故意不抢掠，对外声称李晟召见他们，却没有好好招待。李晟早有准备，挑选三千名骁勇善战的精兵，埋伏在吐蕃军队撤回的路上，猛攻中间的部队，果然大获全胜，差点生擒了吐蕃宰相。从此，吐蕃不敢再进犯，多次派使者前来求和。

后来，李晟因为得罪了新任宰相，被罢免军职。鉴于李晟战功卓著，唐德宗下旨将他的画像挂进凌烟阁中。

793年，李晟病逝，终年六十七岁。他的儿子李愬（sù）后来也成为一代名将。

经典原文与译文

【原文】时河西节度使王忠嗣击吐蕃，有骁将乘城

拒斗，颇伤士卒，忠嗣募军中能射者射之。晟引弓一发而毙，三军皆大呼。忠嗣厚赏之，因抚其背曰："此万人敌也。"——摘自《旧唐书·卷一百三十三》

【译文】当时河西节度使王忠嗣进攻吐蕃，有一名吐蕃猛将据城抵抗，杀伤了很多士兵，王忠嗣招募军中善于射箭的人射击他。李晟拉弓一箭将他射死，三军都大声欢呼。王忠嗣重赏了他，并抚着他的背说："这个人是万人敌啊！"

好善嫉恶：好，喜欢；嫉，嫉恨。崇尚美善，嫉恨丑恶。

杯酒解怨：解，消除。干一杯酒就可以消除仇恨。形容性情直率，不记旧怨。

陆贽列传

> 陆贽（zhì）（754—805年），字敬舆（yú），苏州嘉兴县（今浙江省嘉兴市）人。中唐宰相，杰出的政治家、政论家。

● 从首席笔杆子到中唐贤相

陆贽出身于官宦世家，父亲做过县令，但去世很早。陆贽由母亲抚养长大，从小就与众不同，勤奋好学。

陆贽二十岁考中进士，接着通过吏部考核，担任县尉（类似于县公安局局长）。任期满后，陆贽回乡探望母亲，顺道去拜访名臣张镒（yì）。交谈之后，张镒发现陆贽才华横溢，大为赞赏，与他结为忘年交。

临别时，张镒送给陆贽一百万钱，让他孝敬母亲。陆贽不肯接受，只收了一串新茶叶，说："斗胆拒绝您的盛情吧。"

唐德宗即位后,陆贽提出了很多改革时弊的建议,得到时人的赞誉。德宗早在做太子时就听说过陆贽的贤名,召他入朝担任翰林学士,随时为皇帝提供顾问,起草诏书,参与朝政,有"内相"之称。陆贽感激唐德宗的知遇之恩,竭尽所能辅佐。

783年,泾原镇(今甘肃省、宁夏回族自治区一带)士兵哗变,占领首都长安(今陕西省西安市),拥立被罢

▼ 陆贽一天处理几百道军情文书

职的节度使朱泚（cǐ）为帝，唐德宗逃往奉天县（今陕西省乾县）。

与此同时，河北（今北京市、河北省一带）、淮西（今河南省、安徽省一带）地区的叛乱也没有平定，各地军情文书纷至沓来，一天就有好几百道。陆贽处理文书不加思索，援笔立就，每次都能批复得合情合理，既详明又深刻。其速度之快，使负责抄写的小吏都感到应接不暇，同僚们对他的办公能力大为叹服。

随后，陆贽建议唐德宗下达"罪己诏"，赦免叛乱者的罪责，以安抚人心，德宗让他负责起草。陆贽起草的罪己诏入情入理，感情深挚，晓畅易懂，就连文化修养不高的将士们读后都感动得泪流满面，愿意为朝廷效命。不少叛军将领接到罪己诏后上书谢罪，宣布归顺朝廷。

后来，负责讨伐朱泚的将领李怀光也阴谋叛乱，陆贽察觉后，马上提醒唐德宗说："应该让大将李晟等人脱离李怀光的控制，单独驻扎，就说让他们互成掎角之势，有利于作战。李怀光哪怕不愿放行，也找不到借口阻挠。"

德宗怕引起李怀光的不满，没有听从，不久李怀光果然反叛。李晟由于提前转移，没有遭受损失，另外两名将领则一死一逃，军队被李怀光吞并，唐德宗仓皇逃到梁州（今陕西省汉中市）。

后来,李晟打退叛军,请唐德宗返回长安,德宗最先想到的却是下旨找回因战乱而逃亡他处的宫女,接她们与自己会合再一起回京。

陆贽劝谏说:"现在战乱刚刚平息,疲惫的人民、伤病的士兵都没有得到朝廷的安抚。事情有轻重缓急,陛下应该先赶回京城,祭祀祖先,向上天祷告谢罪,抚慰烈士,犒赏功臣,宽赦胁从的叛军,重整朝纲,恢复生产。这才是为君之道啊!天下能够服侍陛下的人很多,何必急着寻找宫女呢?"唐德宗自知理亏,就没有正式下诏,但还是派人寻找,并让大臣出资将她们送回来。

陆贽在"奉天之难"中的所作所为赢得了很多朝臣的尊敬,一致认为他是宰相的最佳人选。但由于陆贽犯颜进谏,引起唐德宗反感,加上小人诋毁,直到八年后才被任命为宰相。

当时,内乱虽然平息,但唐朝元气大伤,吐蕃乘势而起,每年秋高马肥时都要入侵,唐军疲于应对。陆贽经过精心研究,上疏指出:"在有水草的地方居住,以打猎为生,策马奔腾,不以败逃为耻,这是吐蕃的长处。我们想要通过多养兵马,与吐蕃在草原上硬拼,这是拿自己的短处跟吐蕃的长处竞争,注定无法奏效。我们应该扬长避短,发挥自己的优势。"接着,他详细剖析了当前军备存在的六大弊端,提出了具体的改进办法。唐德宗看后非常赞赏,却没能实行。

后来,有一位主管财政的官员去世,陆贽推荐了一位称职的人接替,唐德宗却坚持任用其他人。陆贽说:"这个人奸诈狂妄,不能胜任。"德宗不肯听从。事后证明这个人果然不称职,陆贽又苦劝德宗收回成命,德宗大发雷霆,罢免了陆贽。

此后,陆贽在忠州(今重庆市忠县)担任地方官长达十年之久。为了躲避迫害,他不再会客,也不上书言事。忠州气候恶劣,疫病流行,陆贽潜心研究医学,以期造福治下百姓,编成《陆氏集验方》一书。

德宗的儿子唐顺宗即位后,下旨召回陆贽,但圣旨还没有到达,陆贽就病逝了,终年五十二岁。

经典原文与译文

【原文】贽以受人主殊遇,不敢爱身,事有不可,极言无隐。朋友规之,以为太峻,贽曰:"吾上不负天子,下不负吾所学,不恤其他。"精于吏事,斟酌决断,不失锱铢(zī zhū)。——摘自《旧唐书·卷一百三十九》

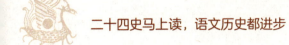

【译文】陆贽因为受到皇帝的特殊待遇,不敢顾惜自身,事情有不对的,竭力劝谏无所隐讳。朋友规劝他,认为他太刚直,陆贽说:"我对上不辜负天子,对下不辜负我所学,不考虑其他。"他精通政务,谋划事情做出决定,不出一点差错。

师心自用:师心,以自己的心为师,指只相信自己。自用,按自己的主观意图行事。形容自以为是,不肯接受别人的正确意见。

按名责实:责,要求。按照事物名称,要求与事实相符。

杜佑列传

> 杜佑（735—812年），字君卿，京兆府万年县（今陕西省西安市长安区）人。唐代杰出的政治家、史学家。

● 宰辅与史家

杜佑出身于有名望的世族大家。他的父亲杜希望是唐军高级将领，按照当时的规定，杜佑凭借恩荫进入仕途，担任底层地方官。

后来，杜佑前去拜访润州（今江苏省镇江市）刺史韦元甫。韦元甫把他当作老朋友的儿子来对待，并没有特别的礼遇。

有一天，韦元甫碰到一件非常棘手的案件，迟迟无法决断。正巧杜佑来访，韦元甫试探性地问他该怎么处理。杜佑不假思索，提出自己的见解，并协助韦元甫审结了这个案件。韦元甫大为赞赏，立即向朝廷保举杜佑，担任审理刑狱、督捕盗贼的职务。杜佑在这个岗位上干得非常出色，官职逐步提升。

后来，宰相杨炎针对当时财政存在的积弊，推行赋税制度改革。杨炎很欣赏杜佑的才干，将他调入朝廷辅佐自己。当时朝廷正在平定河北地区的叛乱，杨炎把运输军饷的任务全部交给杜佑，杜佑出色地保证了前线粮草供应，为战争的胜利做出了重要贡献。

三年后，杨炎遭到诬告被迫害致死，杜佑受牵连被排挤出朝，杨炎生前推行的税制改革也成为政敌攻击的重点目标。杜佑不顾自身处境，竭力为杨炎辩诬，充分肯定他的税制改革。

杜佑担任了一段时间的地方官后，又长期在岭南（今广东省一带）、淮南（今江苏省、安徽省一带）地区担任节度使。803年，六十九岁的杜佑被召回朝廷，出任宰相。

唐顺宗即位后，支持大臣王叔文等人的改革，打击宦官势力、革除政治积弊。但王叔文并不具备领导者的威望和改革者的魄力，态度傲慢，几位宰相对他非常不满，加之政见不合，相继称病离职。只有杜佑忍辱负重，一面拒绝靠拢王叔文，一面主动对革新派做出让步，努力调和各方关系，维持政局稳定。

王叔文的新政仅仅维持了八个月就宣告失败，唐顺宗被迫禅位给儿子唐宪宗，革新派官员都被罢免。当时政局动荡，民生凋敝，西北的党项族趁机联合吐蕃（bō）进犯边境。有些边将贪图战功，不顾时局困难，要求带兵出击。

杜佑对宪宗说："现在正值敌人强大，我朝边防薄弱，又没有精兵良将，不应该贸然用兵，白费钱粮招致失败。应该精选良将，以防守为主。"宪宗欣然接纳。

杜佑在政务、军务方面发挥了较大作用，但他最重要的贡献还在于史学。杜佑天生勤奋好学，经常读书到深夜，把寻求富国安民之术当作自己的使命，因此特别留心历代的典章制度。

早在唐玄宗时，史学家刘秩（zhì）就编写了一部记载典章制度的《政典》。杜佑认为《政典》只有三十五卷，条目不够丰富，内容不够完备，于是积几十年之力，三易其稿，编成一部《通典》。

《通典》全书多达两百卷，共计一百九十多万字，分为九大门类，下面又细分很多小类，囊括政治、经济、军事、法律、礼乐、地方行政等各大领域的制度沿革，时间跨度从上古时期直至杜佑生活的时代。

杜佑十八岁步入仕途，历经六朝，几十年的为官生涯

▲ 杜佑编撰《通典》

使他对本朝的典章制度了如指掌。本着实用的目的，他遵循略古详今的编纂标准，对唐代制度的记载尤其详明，保存了大量一手资料，成为后世学者的重要参考书。

　　杜佑的《通典》开创了史书的新体例，它是我国第一部体例完备的通史性政书。《通典》不仅在当时广为流传，而且影响深远，后世史家遵循《通典》的体例相继编纂了九部政书，蔚为大观，与《通典》合称"十通"。

　　著名史学家钱穆先生评价说："杜佑《通典》在中国

史书里,又开了一片新的疆土,将来遂有所谓三通、九通、十通。"

812年,杜佑病逝,终年七十八岁。杜佑的孙子杜牧,是晚唐著名诗人,与另一位大诗人李商隐齐名,合称"小李杜"。

经典原文与译文

【原文】佑性勤而无倦,虽位极将相,手不释卷。质明视事,接对宾客,夜则灯下读书,孜孜不怠。与宾佐谈论,人惮其辩而伏其博,设有疑误,亦能质正。始终言行,无所玷缺。——摘自《旧唐书·卷一百四十七》

【译文】杜佑秉性勤奋、不知疲倦,虽然官职做到了最高的将军、宰相,手中总是拿着书籍勤读不辍。天刚亮就处理政务,接待宾客,夜晚就在灯下读书,孜孜不倦。和宾客僚佐讨论,人们都畏惧他的雄辩、佩服他的渊博,如果有疑惑错误,他也能够纠正。言行始终如一,没有缺点。

词语积累

声东击西：声，声张。指造成要攻打东边的声势，实际上却攻打西边，是使对方产生错觉以出奇制胜的一种战术。

蓄盈待竭：蓄，积蓄；盈，充盈；竭，枯竭，指士气衰落。积蓄军队的气势，等敌人士气低落时再出击。

裴度列传

> 裴度（765—839年），字中立，河东道闻喜县（今山西省闻喜县）人。中唐宰相，杰出的政治家。

● 愈挫愈勇的中兴名相

裴度家中世代为官，祖父、父亲都做过地方官。

裴度二十五岁考中进士，通过吏部考核之后，担任县尉（类似于县公安局局长）。后来调入朝廷担任监察官员，因为上疏批评宠臣，得罪了唐德宗，被贬为地方官，直到德宗的孙子唐宪宗即位后才调回朝廷。

当时皇宫里设置了雕坊、鹘（hú）坊、鹰坊、鹞（yào）坊、狗坊，合称"五坊"。在五坊任职的官吏到处悬挂罗网，以替皇家捕捉鸟雀为名，行勒索百姓之实。

有一名县令拒绝了他们的无理要求，遭到诬陷，被唐宪宗投入大狱，判处死刑。宰相武元衡婉言劝谏，宪宗拒不接受。

裴度也上殿替那名县令辩诬，宪宗愤怒地说："如果不严惩他，那就说明五坊有罪。如果五坊无罪，就必须严惩他！"宪宗明显偏袒五坊，裴度无法直接指责他们有罪，只好委婉地说："这位县令爱惜陛下的子民，不惜得罪五坊，怎么可以随便治罪呢？"宪宗听后有所悔悟，释放了县令。

自从"安史之乱"以后，盘踞于河北、山东、淮西（今河南省、安徽省一带）地区的藩镇逐渐坐大，不听从朝廷号令。

814年，淮西军阀吴元济叛乱，朝廷派兵征讨，武元衡、裴度都是坚定的主战派。河北军阀王承宗、山东军阀李师道与吴元济相互勾结，请求朝廷停止讨伐吴元济，遭到武元衡的严厉斥责，两人对武元衡、裴度恨之入骨。

815年的一天早晨，李师道派出刺客，在上朝的路上刺杀武元衡和裴度，武元衡不幸遇害，裴度也被连砍三刀，其中一刀砍在头部，因为戴着厚毡帽，侥幸逃过一死。

这件事震惊朝野，有官员请求宪宗罢免裴度，以平息军阀们的怒火。宪宗愤怒地说："裴度能够保全性命，这是天意。如果罢免他，正中了叛贼的奸计。朕依靠裴度，就足以打败这三个叛贼！"马上任命裴度为宰相，以显示平定叛乱的决心。

不过，由于所用非人，讨伐吴元济的战事接连失利，朝中请求罢兵的声音此起彼伏。裴度对唐宪宗说："叛贼是朝廷的心腹大患，如果不及时除去，必将酿成大祸。况且，王承宗、李师道必定会根据朝廷对待吴元济的态度，决定是反叛还是归顺。"

宪宗见裴度的态度如此坚决，便力排众议，决心继续讨伐。裴度主动提出："臣愿意亲自去前线督战。"宪宗有些迟疑地问："你果然肯替朕前去平叛吗？"裴度跪下流着泪说："臣与此贼不共戴天！"临行前，裴度又说："让君主忧虑是臣子的耻辱，叛贼一天不消灭，臣就一天不敢回朝。"宪宗感动得流下眼泪。

裴度到达淮西后，重用名将李愬，仅仅两个月就攻破叛军老巢，活捉吴元济。

淮西被平定后，各地军阀大受震撼，河北军阀王承宗赶紧向朝廷请罪，山东军阀李师道冥顽不化，也被朝廷大军打败并处死。

在唐宪宗、裴度、李愬君臣的共同努力下，一场可能动摇唐朝根基的危机终于平安度过，近半个世纪的割据局面宣告结束，唐朝出现了从"安史之乱"以后从来没有过

▲ 裴度重用名将李愬

的中兴局面。

　　裴度在平叛过程中的突出表现，赢得了极高的威望，就连唐朝使臣出使西域，都会被问及："裴度现在多大年纪？相貌如何？是否得到重用？"

　　由于裴度耿直刚正，敢于直陈朝政过失，被奸臣诬陷，外调到今山西省一带担任节度使。

　　此后，裴度还曾短暂担任过宰相，但由于政局混乱，皇帝更迭频繁，加上奸臣排挤，无法充分发挥自己的才干。

旧唐书·裴度列传

裴度晚年在东都洛阳养病，与大诗人白居易、刘禹锡诗酒唱和，传为佳话。839年，裴度病逝，终年七十五岁。

经典原文与译文

【原文】 度乃约法，唯盗贼、斗杀外，余尽除之，其往来者，不复以昼夜为限，于是蔡之遗黎始知有生人之乐。初，度以蔡卒为牙兵，或以为反侧之子，其心未安，不可自去其备。度笑而答曰："吾受命为彰义军节度使，元恶就擒，蔡人即吾人也。"蔡之父老，无不感泣。——摘自《旧唐书·卷一百七十》

【译文】 裴度于是简约法令，除了偷盗、斗殴杀人以外，其余的法令全部废除，人们互相往来，不再限定白天黑夜，蔡州的百姓到这时才知道人生的乐趣。当初，裴度用蔡州的士兵做卫兵，有人认为他们是反复无常的人，内心不安定，建议他不能自己先取消防备。裴度笑着回答："我接受诏命担任彰义军节度使，首恶元凶已经被捉，蔡州百姓就是我们的百姓。"蔡州的父老，没有不感动流泪的。

 词语积累

拾带重(zhòng)还：带，玉带；还，归还。拾到财物，物归原主，不据为己有。

昭昭在目：昭昭，清楚。形容众人看得明明白白。

文恬(tián)武嬉：恬，安逸；嬉，玩乐。文官贪图安逸，武官贪图玩乐。指官吏只知享受，不关心国事。

牛僧孺列传

> 牛僧孺（779—848年），字思黯，安定郡鹑觚（chún gū）县（今甘肃省灵台县）人。晚唐宰相。

◉ "牛李党争"的牛派领袖

牛僧孺（rú）的远祖曾在隋朝做过高官，祖父、父亲也做过基层官员。牛僧孺自幼父母双亡，靠祖上的田产为生，但他爱好学习，十分刻苦。

二十六岁时，牛僧孺与宗室子弟李宗闵同科及第，进入仕途。三年后，唐宪宗下诏举行制科。与定期举行的进士考试不同，制科由皇帝不定期下诏举行，应试者不限身份。

牛僧孺、李宗闵都参加了这次考试，借机批评时弊，指责宰相李吉甫，成绩名列前茅。李吉甫向宪宗哭诉说，这是政敌指使牛僧孺、李宗闵攻击自己，于是将两人斥退。

随后，有大臣上疏替他们鸣不平，认为是李吉甫借机打压敢于直言的考生，李吉甫也被罢相。这件事被视为"牛李党争"的起因。

牛僧孺调任基层地方官，直到李吉甫去世后，才回到朝廷，担任监察官员。有一名叫李直臣的贪官被判处死刑，通过贿赂宦官求情，牛僧孺严词拒绝。

唐穆宗当面对牛僧孺说："这个人很有才干，朕打算宽赦他。"牛僧孺说："凡是没有才能的人，只不过拿着俸禄、取悦君主而已。帝王设立法律，约束奸雄，正是为了有才能的人。安禄山、朱泚（cǐ）因为才能过人，所以扰乱天下，况且李直臣只有小才能，又何必为他枉曲法律呢？"唐穆宗觉得有道理，重赏了他。

后来，唐穆宗得到一份某官员贿赂朝臣的账本，很多大臣都有受贿记录，只有牛僧孺的名字旁边写着："某年某月某日，送钱一千万，没有接受。"穆宗赞赏地说："朕果然没看错人。"从此对牛僧孺十分推重，任命他为宰相。

当时，李吉甫的儿子李德裕很有声望，也有机会成为宰相。但有位宰相与李吉甫有旧怨，为了报复，将李德裕排挤出朝廷，大力支持牛僧孺。这样一来，牛、李两党之间的矛盾进一步加深。

▲ 牛僧孺拒绝收受贿赂

一年后,唐穆宗病死,儿子唐敬宗即位。牛僧孺不满小人得宠、宦官专政,辞去宰相之位,到地方上任职。唐敬宗仅在位两年,就被宦官杀死,他的弟弟唐文宗即位。

后来,牛僧孺的同年好友李宗闵成为宰相,将同为宰相的李德裕排挤出朝廷,调到今四川地区担任节度使,推荐牛僧孺重新登上相位。

第二年,河北军阀杨志诚叛乱,驱逐了他的上司,夺得军权。唐文宗召集宰相商量对策,牛僧孺说:"河北地区从'安史之乱'以后就不再听从朝廷的号令,朝廷花了大量钱粮征讨，都徒劳无功。所以，对于河北的叛乱应该予以安抚，只要他们能替国家防御北方的契丹人就够了，不用计较他们是反叛还是归顺。"

迫于现实，唐文宗同意了牛僧孺的建议，承认杨志诚的地位合法。

不久，一名镇守维州（今四川省理县）的吐蕃将领向李德裕投降，李德裕提出趁机进攻吐蕃。唐文宗犹豫不定，向大臣征求意见。牛僧孺说："他的建议不对。吐蕃领土广阔，失去一个维州并不算什么。况且我们与吐蕃刚刚讲和，我们一旦失信，就会留下借口。如果吐蕃兴兵进攻，三天就能到打到长安。到那时，就算有一百个维州，也于事无补了。"

鉴于当时藩镇林立，国力衰弱，唐文宗同意了牛僧孺的建议，命令李德裕把维州归还给吐蕃，投降唐朝的吐蕃将领被送回后也遭到残忍杀害。李德裕一党纷纷指斥牛僧孺害怕李德裕立功，所以才假公济私，横加阻挠，文宗也感到后悔。牛僧孺心里害怕，辞去相位到地方上任职。

唐武宗即位后，对外态度十分强硬，再次任用李德裕为宰相，牛僧孺、李宗闵及其追随者都遭到贬谪。

六年后，武宗病死，他的叔父唐宣宗即位，很快就罢免了李德裕，下旨召回牛僧孺等人。不久后，牛僧孺去世，终年七十岁。长达四十年的"牛李党争"宣告结束。

"牛李党争"加深了晚唐的统治危机,与宦官专政、藩镇割据一起,促使唐王朝走向灭亡。

经典原文与译文

【原文】 长庆元年,宿州刺史李直臣坐赃当死,直臣赂中贵人为之申理,僧孺坚执不回。穆宗面喻之曰:"直臣事虽僭(jiàn)失,然此人有经度才,可委之边任,朕欲贷其法。"僧孺对曰:"凡人不才,止于持禄取容耳。帝王立法,束缚奸雄,正为才多者。禄山、朱泚以才过人,浊乱天下,况直臣小才,又何屈法哉?"上嘉其守法,面赐金紫。——摘自《旧唐书·卷一百七十二》

【译文】 唐穆宗长庆元年(821年),宿州(今安徽省宿州市)刺史李直臣犯贪赃罪应处死刑,李直臣贿赂宦官为他讲情,牛僧孺坚持原则不肯改判。唐穆宗当面劝他说:"李直臣做事虽然有过错,但这个人有经营规划的才能,可以委任他去边境地区任职,朕打算枉法宽恕他。"牛僧孺回答:"凡是没有才能的人,只不过拿着俸禄、取悦君主而已。帝王设立法律,约束奸雄,正是为了有才能的人。安禄山、朱泚因为才能过人,所以扰乱天下,况且李直臣只有小才能,又何必为他枉曲法律呢?"皇上赞许他守法,当面赏赐他金鱼袋、紫衣。

时移世异:移,过去;异,不同。时间已经过去,世情也已经改变。

观者如市:市,集市。观看的人像集市上一样。形容观看的人很多。

李德裕列传

> 李德裕（787—850年），字文饶，小字台郎，赵郡赞皇县（今河北省赞皇县）人。晚唐宰相，杰出的政治家。

朋党领袖与晚唐名相

李德裕出身于世族官宦之家，父亲李吉甫担任过宰相。李德裕自幼志向远大，刻苦学习，尤其精通《汉书》和《春秋左氏传》，学业逐渐大成。

李德裕不喜欢参加科举考试，通过父亲的恩荫，成为一名低级文官。后来为了避嫌，到各藩镇担任幕僚，直到父亲去世后才回到朝中，官职逐渐提升。

唐穆宗即位后，很赏识李德裕的才干，任命他为翰林学士，让他负责起草诏令。当时有许多皇亲国戚与宦官、权臣相互勾结，李德裕非常反感，上疏说："按照本朝先例，驸马是天子的近亲,不应该和朝廷要员来往。请陛下明令禁止。"穆宗采纳了他的建议。

随着李德裕在朝中的声望越来越高,很多人都认为他可以胜任宰相。但当时有一位宰相和李吉甫有旧怨,便将李德裕贬为地方官,并推荐与李氏父子有矛盾的大臣牛僧孺出任宰相。

多年前,牛僧孺曾在制科考试中批评当时的宰相李吉甫,遭到贬斥,由此结下仇怨,是为"牛李党争"的起因。这次相位之争又加深了两党的矛盾。

唐文宗即位后,名相裴度推荐李德裕出任宰相。但是"牛党"的二号人物李宗闵在宦官的支持下成为宰相,并帮助同年好友牛僧孺登上相位,李德裕则被排挤到今四川地区担任节度使,"李党"其他成员都遭到打压。

831年,一位镇守维州(今四川省理县)的吐蕃将领向李德裕投降。李德裕立即派人接手维州,上疏说:"臣打算派遣三千兵马,直捣吐蕃腹地,雪洗多年来受他们侵凌的耻辱!"

文宗让大臣们商议,多数人都同意李德裕的建议,只有牛僧孺强烈反对,认为吐蕃实力太强,唐朝无力抗衡。于是文宗下旨让李德裕将维州以及投降者还给吐蕃,结果维州得而复失,投降者全被吐蕃人押到边境上残忍杀害,李德裕沦为笑柄。

这是牛、李二人第一次正面交锋,李德裕对此十分愤怒,李党成员都认为这是牛僧孺挟私报复,纷纷抗议,牛僧孺因此罢相。

唐文宗去世后,他的弟弟唐武宗即位。武宗励精图治,对藩镇、外敌都十分强硬,将李德裕召回朝廷担任宰相,给予充分信任。

840年,回纥(hé)可汗被其他部族打败,部众离散,带着残兵败将投奔唐朝,请求借兵借粮。有将领提议趁机攻打回纥,李德裕说:"从前我国发生内乱,回纥出兵协助平叛,屡建奇功。现在回纥国破家亡,前来投奔,并非入侵我国,不能征讨。不如借些钱粮给他们,静观其变。"武宗欣然接纳。后来回纥发生内乱,进犯唐朝,朝廷出兵将他们击败。

当时皇室衰微,很多藩镇的节度使之职父死子继,不接受朝廷选派。843年,泽潞(今山西省东南部、河北省西南部)节度使刘从谏病死,由于儿子年幼,便选侄子刘稹(zhěn)作为继承人。

李德裕说:"泽潞位于国家的腹地,与镇守边地的河北不同,如果不进行征讨,还怎么号令四方呢?要是其他藩镇也效仿,朝廷就威严扫地了!"唐武宗问:"你有取

二十四史马上读,语文历史都进步

胜的把握吗?"李德裕分析说,刘稹之所以敢和朝廷叫板,就是仗着河北三镇在背后撑腰。可以给他们许诺,朝廷的军队绝不越过太行山(在今山西省、河北省交界处),他们没有唇亡齿寒之虞;此外,泽潞在太行山以东的两个州,也交给他们攻打,以示信任。这样一来,泽潞孤立无援,而朝廷得到河北三镇的帮助,声势更加壮大,一定能取胜。并说:"如果打不赢,臣甘愿领罪。"后来都如李德裕所言。

▼ 李德裕被贬崖州

846年，唐武宗去世，他的叔父唐宣宗即位。宣宗一向厌恶李德裕，登基仪式一结束，就问宦官："刚才在我身边的人是李德裕吗？他看我一眼，我就感到毛骨悚然。"宣宗立即罢免了李德裕，将李党全部赶出朝堂，牛党重获重用。

　　其后，李德裕被一贬再贬，于850年凄惨地病死在崖州（今海南省海口市），终年六十四岁。李德裕无论在地方任职，还是担任宰相，均以政绩卓越著称，后世评价很高。

经典原文与译文

　　【原文】其年秋，上欲授训谏官，德裕奏曰："李训小人，不可在陛下左右。顷年恶积，天下皆知，无故用之，必骇视听。"……上顾王涯曰："商量别与一官。"——摘自《旧唐书·卷一百七十四》

　　【译文】这年秋天，唐文宗打算任命李训做谏官，李德裕上奏说："李训是小人，不适合在陛下身边。近年来他罪行累累，天下人都知道，无缘无故任用他，一定骇人听闻。"……唐文宗看着宰相王涯说:"斟酌着另外给他一个官职吧。"

闻风丧胆:闻,听;丧胆,吓破胆。听到一些风声就吓破了胆。形容极度恐惧。

指日誓心:誓,发誓。对着太阳发誓,表达忠诚,绝无二心。

八百孤寒:八百,形容很多;孤寒,指贫寒无依的读书人。形容人数众多的贫寒读书人。也比喻失去依靠的贫寒之士。

方伎列传

> 《方伎传》始见于《三国志》,后世史书沿用这个体例,收入的人物也时常变化,《晋书》首次收入僧人。《旧唐书·方伎列传》共一卷,记载三十位方伎人士的事迹。本书选取玄奘、慧能、一行为代表。

● "西天取经"的高僧玄奘

玄奘(zàng)(600—664年),俗名陈祎(yī),洛阳郡缑(gōu)氏县(今河南省洛阳市偃师区)人。唐代高僧、佛经翻译家,佛教唯识宗创始人。

玄奘出身于书香门第,祖父曾在北朝做官,父亲精通儒家经典,因为对隋末政治黑暗不满而拒绝入仕。

玄奘自幼聪明,八岁时就能背诵《孝经》,十三岁时跟随做僧人的哥哥来到洛阳净土寺出家,十九岁又随哥哥前往成都(今四川省成都市)学习,二十一岁正式受戒,学习坐禅静修。

在成都学习四五年后,玄奘的佛学修为已有所成,但他不满于此,先后游历京师、江汉地区、河北等地,到处拜师求法,逐渐成长为名僧。此时,佛教虽然传入中国已经好几百年,但佛经的错译普遍存在,佛理自相矛盾的地方很多。这种水平不能满足玄奘的求知欲,他决心亲自到佛教的发源地印度求法。

627年,在未经朝廷许可的情况下,玄奘混在饥民当

▼ 唐玄奘西游求法

中出关,踏上了"西天取经"的征途。他独自一人穿过沙漠绝域,历经千难万险,终于在三年后到达印度。

此后,玄奘进入佛学最高学府那烂陀寺(在今印度比哈尔邦境内),跟随住持戒贤法师学习佛法。戒贤法师是当时蜚声全印度的高僧,年纪已经一百岁,很多年都不出来讲学,此次见玄奘到达,亲自为他讲经,时间长达五年。

后来,玄奘又前往印度各国游历,一边拜访学习,一边与各大高僧辩论,得到全印度佛教界的普遍认可。

641年,印度戒日王朝的建立者戒日王为玄奘举办了盛况空前的佛学大会。邀请了十八位国王,三千多名僧人,加上那烂陀寺一千多名僧人和两千多名信众,由玄奘担任论主,宣讲佛法。玄奘口吐莲花,新说迭出,引起巨大轰动,连续讲解十八天,没有一个人能驳倒他。

645年,玄奘返回长安,受到民众热烈欢迎。唐太宗亲自接见,为他安排译经场所及人员,又要求由玄奘口述、弟子记录,撰成《大唐西域记》十二卷,介绍西域一百多个国家、地区的山川地理、风土人情,在后世产生了巨大影响。

此后,玄奘夜以继日地翻译佛经。他从印度带回佛经六百五十七部,共译出经论七十五部一千三百三十五卷,历时二十年。

玄奘因为翻译佛经的需要，收了一批得意子弟，传授他的佛学理论，由此创立了唯识宗。唯识宗又叫法相宗，后来流传到日本等地，至今流传不绝。

664年，玄奘圆寂，终年六十五岁。玄奘"西天取经"历时十七年，行程五万多里，成为世界文化史上的壮举，他撰写的《大唐西域记》和翻译的佛经，成为世界文化史上的瑰宝。四大古典名著之一的《西游记》，就是依据玄奘西游的故事创作的。

● 禅宗的创始人慧能

慧能（638—713年），俗姓卢，岭南道新州（今广东省新兴县）人，唐代高僧，佛教禅宗创始人。

慧能的父亲早逝，由母亲抚养成人，家境贫寒，靠打柴维持生活。

慧能从小就深具慧根。有一次，他听到买柴的客人读《金刚经》，迟迟舍不得离去。客人告诉他，在黄梅县（今湖北省黄梅县）有一位高僧弘忍大师善于宣讲《金刚经》。慧能决定去投师学佛。

弘忍大师是佛教禅宗第五代传人，见到慧能后很欣赏他，但害怕寺中僧侣嫉贤妒能，便安排他去碓（duì）房舂

（chōng）米。

几个月后，弘忍大师让门下弟子各写一首偈（jì）子，考察他们的佛学修为，并宣布，将把衣钵（bō）传给优胜者。众僧认为有资格接受师父衣钵的人非大师兄神秀莫属，因此都没有写。

神秀不好意思直接将偈子呈给师父，便于夜里写在墙上："身是菩提树，心如明镜台。时时勤拂拭，莫使有尘埃。"弘忍大师看后，认为神秀没有参透禅宗的精髓。

慧能目不识丁，听别人读了神秀的偈子后，请他帮忙也在墙上写下一首偈子："菩提本无树，明镜亦非台。本来无一物，何处惹尘埃。"弘忍大师看后暗暗赞赏，但害怕有人妒忌、加害慧能，故意说他也没领悟到真谛。

第二天，弘忍大师来到慧能干活的碓房，用禅杖敲了三下石碓后离去。慧能明白了师父的暗示，当夜三更来到他的禅房。弘忍大师将门窗遮围起来，向慧能讲解《金刚经》要义，并将衣钵传授给他，亲自护送他离开。

慧能得到五祖弘忍大师的衣钵，是为禅宗六祖。当时传法环境恶劣，慧能隐遁了几年时间，参研佛法。

有一天，他在法性寺（在今广州市境内）听讲，两个和尚看到风吹幡动，一个认为是风在动，一个认为是幡在动。慧能说:"不是风动,也不是幡动,而是你们的心动。"顿时一语惊动四座,慧能趁机出示衣钵,众僧大喜,慧能从此在法性寺开坛讲法。

佛教发展到唐代,分出了很多宗派,尤其出现了玄奘法师这样的巨擘(bò)之后,社会影响力急剧增加,信众很多。由此出现一个问题,就是面对浩如烟海的佛教典籍,能读懂已经很不容易,想要成佛则难于登天。如何找到一个让普罗大众都能修习并成佛的方法,成为亟(jí)待解决的问题。

这时候,六祖横空出世,认为人人都有佛性,要想成佛,无须借助外力,也不需要文字,主张"见性成佛",以"顿悟"为修习方法,极大地方便了普通信众研习。此说一经提出,禅宗顿时吸引无数信徒,影响力迅速扩大,唐代之后,几乎成为整个佛教的代名词。

从慧能开始,禅宗分为南宗和北宗。北宗以神秀为领袖,传承几代之后逐渐式微。南宗以慧能为祖师,被奉为禅宗正宗,并最终发展出五家七宗,传承至今,流传海外。

慧能的弟子将他的言行记录下来,编成《坛经》一书,这是唯一一本由中国僧人著述而被命名为"经"的佛学典籍,对后世影响深远。

713年,慧能去世,终年七十六岁。慧能革命性地提出了研习成佛的方法，极大地提高了佛教的影响力。从此，"禅"超越佛教的范畴，形成了禅文化而深入人心，成为我国传统文化的重要组成部分。

享誉世界的天文学家一行

一行（683—727年），俗名张遂，魏州昌乐县（今河南省南乐县）人，唐代名僧、天文学家。

一行的曾祖父张公谨是初唐名将，"凌烟阁二十四功臣"之一。父亲曾经做过县令。一行自幼聪慧好学，博览经史，尤其精通天文历法、阴阳五行之学。

当时有个学识渊博、藏书丰富的道士，一行曾向他借阅西汉大学者扬雄的《太玄经》，几天后便去归还。道士说："这本书深奥难懂，我读了很多年，都没读懂，你可以试着好好研读，为什么这么着急还？"一行说："这本书的大意，我已经研究透彻了。"说罢拿出自己撰写的学习心得给道士看，道士叹服不已。

一行从此名声大振，就连女皇武则天的侄子武三思都主动结交他。一行对武三思深恶痛绝，不肯相见，躲到嵩山（今河南省登封市境内）出家为僧。

后来，唐玄宗将一行强征入京，负责修订历法。为了准确观测日月星辰的运动规律,一行制作和改进了大量天文仪器。通过观测,一行得出"恒星是移动的"这一结论,比英国天文学家哈雷早了一千多年,还推算出地球子午线的长度,在世界天文学史上享有盛誉。

727年,一行编制出《大衍历》,经过检验,是当时最精确的历法,这与他坚持实测的工作精神是密不可分的。《大衍历》比较准确地反映了太阳的运行规律,代表着我国古代历法体系已发展成熟。同年,一行便因积劳成疾而去世,终年四十五岁。

经典原文与译文

【原文】道士邢和璞(pú)尝谓尹愔(yīn)曰:"一行其圣人乎?汉之洛下闳(hóng)造历,云:'后八百岁当差一日,必有圣人正之。'今年期毕矣,而一行造大衍正其差谬,则洛下闳之言信矣,非圣人而何?"——摘自《旧唐书·卷一百九十一》

【译文】道士邢和璞曾经对尹愔说:"一行大概是圣人吧?汉朝的洛下闳编制历法,曾说:'八百年后会误差一天，一定有圣人修正它。'今年期限到了，而一行编制了《大衍历》修正他的误差，那么洛下闳的话是可信的，一行不是圣人又是什么呢？"

词语积累

殊方异域： 殊方，远方；异域，外国。指远方或国外。

心无挂碍： 挂碍，牵挂。内心没有任何牵挂。

本来面目： 面目，面貌。原是佛教用语，指人的本性。比喻人或事物原来的样子。

突厥列传

> 突厥,是活跃在蒙古高原和中亚地区的游牧民族的统称。552年建立突厥汗国,583年分裂为东、西两部分,七世纪被唐朝消灭。后又复国,被回纥(hé)消灭。《突厥传》始见于《周书》。《旧唐书·突厥传》共两卷,主要记载唐朝时期东、西突厥汗国的兴衰以及与唐朝的交往。

● 马背上的汗国

突厥族是兴起于阿尔泰山一带的游牧民族,原本臣服于另一个强大游牧民族政权柔然,为柔然人锻造铁器。

546年,突厥首领伊利可汗建立战功,趁机向柔然可汗求亲。柔然可汗派使者羞辱他说:"你不过是替我打造铁器的奴仆,怎么敢如此大胆?"伊利可汗不堪其辱,杀死柔然使者,起兵反叛,于552年推翻柔然,建立了汗国,史称"突厥第一汗国"。

伊利可汗的继承者继续开疆拓土,越来越强大,成为中原王朝的劲敌。但是突厥内部很不团结,一度出现五位可汗并立争雄的局面,隋文帝趁机采取离间分化手段,使突厥分裂成东、西两部分。

东、西突厥之间战争不断,实力削弱,于是东突厥向隋文帝求和。隋文帝又利用和亲瓦解东突厥:当时东突厥有大、小两位可汗,隋文帝将一位公主嫁给小可汗,反而拒绝大可汗的求婚,借此引发两者的战争。

小可汗被打败,只好依附隋朝。后来大可汗被部下杀死,隋文帝又派兵帮助小可汗夺取了他的领地。小可汗成为东突厥的首领,号称启民可汗。如此一来,东突厥重新统一,并趁隋末中原战乱的时机坐大,连李渊起兵反隋时都向东突厥称臣。

到启民可汗的儿子颉利可汗时,东突厥兵强马壮,屡次进犯唐朝,掠夺人口财物。

626年,颉利可汗与侄子突利可汗趁唐太宗刚刚即位、立足未稳之机,率领十几万骑兵直逼长安,派使者虚张声势地对太宗说:"两位可汗统兵百万,已经打来了。"太宗说:"我朝曾经和突厥约为兄弟之邦,你们却背信弃义,我应该先杀掉你。"使者连忙求饶。太宗扣押了使者,带着宰相房玄龄等六人骑马来到长安城外的渭水南岸,隔着渭水指责颉利可汗负约。随后,唐朝大部队赶到,军容严整,士气高涨。颉利可汗不敢孤注一掷地发起进攻,于是与太宗在渭桥上歃(shà)血为盟,史称"渭桥之盟"。这对太宗而言无疑是化解了一场重大危机。

此后,唐太宗一直积极备战。而东突厥由于不断发动对外战争,加上连年大雪,牲畜大量冻死,内部出现裂痕。

628年,依附于颉利可汗的薛延陀部脱离突厥,与唐

▼ 突厥颉利可汗与唐太宗在渭桥盟誓

朝修好。颉利可汗派遣突利可汗讨伐薛延陀部，突利可汗战败，颉利可汗囚禁了他。突利可汗心生怨恨，派使者请求唐朝发兵攻打颉利可汗。此时，唐朝边将也上疏分析敌我形势，认为应该抓住有利战机征讨东突厥。

629年冬，唐太宗派遣名将李靖、李勣等人分道出击，只用了不到半年时间便活捉颉利可汗，东突厥灭亡。

西突厥由十个部落组成，经常东边的五个部落拥立一个可汗，西边的五个部落不服，也拥立一个可汗，内乱频繁。

唐高祖时，西突厥统叶护可汗为了和东突厥抗衡，向唐朝求婚。当时东突厥实力强大，时常入侵，唐廷认为可以采取远交近攻的策略牵制东突厥，便答应下来。但是送亲使团需要途经东突厥的领地，东突厥害怕唐朝和西突厥结为姻亲，多次出兵阻挠，导致通婚落空。

唐太宗即位的第二年，西突厥统叶护可汗的伯父发动政变，自立为可汗。但他不能服众，西边的五个部落又拥立了统叶护可汗的儿子肆叶护可汗，两个可汗都想得到唐朝的支持，派使者前来求婚。

唐太宗说："你们的国家动荡不安，君臣的名分还没有确定，谈什么通婚呢？"由于肆叶护可汗是前任可汗的儿子，得到了更多部众支持，最终击败杀父仇人，成为西突厥的大可汗。但是肆叶护可汗性格凶残多疑，擅杀功臣，后来被叛乱的部众赶走。

唐高宗时，西突厥贵族贺鲁统一了十个部落，兵力达到几十万人，自立为可汗，进犯唐朝。657年，唐高宗派名将苏定方联合回纥人共同讨伐西突厥，俘虏了贺鲁，西突厥宣告灭亡。

唐太宗曾有恩于贺鲁，因此贺鲁说："太宗皇帝厚待于我，我却背叛唐朝，失败是上天的报应。请把我杀死在太宗皇帝的陵前，向他谢罪。"唐高宗心生怜悯，赦免了他。

武则天时，东突厥一度复国，史称"突厥第二汗国"。745年，东突厥最后一任可汗——白眉可汗被回纥人杀死，第二汗国宣告灭亡。

经典原文与译文

【原文】突利寻为颉利所攻，遣使来乞师。……杜如晦进曰："夷狄无信，其来自久，国家虽为守约，彼必背之。不若因其乱而取之，所谓取乱侮亡之道。"太宗然之。

——摘自《旧唐书·卷一百九十四》

【译文】突利可汗不久后被颉利可汗进攻,派使者来唐朝搬救兵。……杜如晦进言说:"夷狄不讲信用,由来已久,我国虽然信守盟约,他们一定会违背盟约。不如趁他们内乱而进行攻取,这就是夺取政治动乱、即将灭亡之国的道理。"唐太宗认为他说得对。

取乱侮亡:取,夺取;侮,欺凌。夺取政治动乱的国家,侵凌将要灭亡的国家。

卷甲韬戈:甲,铠甲;韬,收起;戈,古代一种兵器。卷起铠甲,收起武器。指停止战斗。

回纥列传

> 回纥(hé),后来改称回鹘(hú),我国古代少数民族部落,以游牧为生。744年建立回纥汗国,840年灭亡。《旧唐书·回纥列传》共一卷,主要记载回纥族的起源、回纥汗国的兴衰以及与唐朝的交往。

● 令人头痛又不可或缺的盟友

回纥族最早分布在贝加尔湖南面,北魏时期臣服于突厥汗国,当时还处于原始部落阶段。他们民风彪悍,擅长骑马射箭,追逐水草而居。

唐太宗时,回纥出现了一个名叫菩萨的贤能首领,逐渐强大起来。菩萨联合另一个臣服于东突厥的薛延陀部落反叛,东突厥颉利可汗发兵十万征讨,连败两阵,失去了大量领地和部众。

随后,唐太宗派名将李靖等人消灭了东突厥,薛延陀部成为草原霸主，菩萨便带领部众归附了薛延陀部。

646年，菩萨的儿子吐迷度配合唐军，击败薛延陀部，吞并了它的领地和部众，自称可汗，派遣使者来唐朝进贡。

一次唐廷宴会上，回纥各部族的首领们向唐太宗提出："我们生长在蛮荒之地，归顺大唐后，陛下赏赐了官职，我们依赖大唐就像孩子依赖父母。请陛下修一条大路，供我们来朝觐见，世世代代做大唐的臣子。"

▼ 回纥人请求修建"参天至尊道"

唐太宗答应了。这条路被称作"参天至尊道",天至尊即天可汗,是回纥人对唐太宗的尊称。此后,回纥与唐朝的关系以友好相处为主。

后来,东突厥一度复国。在唐朝的帮助下,回纥于745年消灭了东突厥,从此成为草原上无可争议的主宰,建立起西到阿尔泰山,东到兴安岭,南跨大漠,北到贝加尔湖的回纥汗国,进入全盛期。

755年,"安史之乱"爆发。唐朝向回纥借兵平叛,回纥可汗派遣太子叶护带领四千名精兵援助唐朝,唐肃宗非常高兴,让皇长子李豫与叶护结为兄弟。

叶护拜见名将郭子仪,郭子仪设宴款待,叶护说:"现在国家有难,我们前来援助,哪里顾得上宴饮呢?"郭子仪坚持挽留,叶护参加完宴会立即投入战斗。

唐军、回纥军通力协作,很快收复了京城长安和东都洛阳。郭子仪也赢得了回纥将士的爱戴,被他们视为"父亲"。

战后,唐肃宗下旨褒奖说:"回纥出兵平定叛乱,恢复社稷,虽然地处万里之外,却能和朝廷同心同德,真是史无前例啊。"为了回报回纥的军事援助,唐朝曾允许回纥军队在洛阳抢掠,并赠送一百多万匹绢帛作为回报。回纥还经常用赢弱劣马换取唐朝的绢帛,每匹马要价四十匹绢帛。唐朝经过讨价还价买下这些劣马，回纥把绢帛转卖到中亚和欧洲，获取巨额财富。

758年，因为回纥平叛有功，唐肃宗将自己的亲生女儿宁国公主嫁给回纥可汗。回纥可汗高兴地说："尊贵的大唐天子，将亲生女儿嫁过来。"此后，唐朝又两次与回纥和亲，嫁过去的都是皇帝的亲生女儿。

765年，"安史之乱"刚刚平定不久，唐朝蕃将仆固怀恩因为功高被猜忌，便欺骗吐蕃、回纥，说唐朝皇帝和郭子仪都已经去世，勾结他们叛乱。当时的回纥可汗是仆固怀恩的女婿，因此一起发兵进犯唐朝。

郭子仪受命平叛，回纥人问唐军："领军的人是谁？"唐军说是郭子仪。回纥人大惊失色，又问："郭令公还活着吗？那我们被仆固怀恩欺骗了！"要求面见郭子仪，意在验证真假。郭子仪不顾部下极力劝阻，走向前去脱下头盔，让他们看个清楚，回纥将士赶紧下马跪拜。

在郭子仪的劝说下，回纥人重新归顺唐朝，与唐军一起进攻吐蕃，斩首五万多人，活捉一万多人。仆固怀恩也暴病而死，一场危机就此化解。

840年，回纥内乱频繁，又遭遇自然灾害，牲畜损失惨重，其他部落趁机发起进攻，回纥汗国灭亡。回纥部众四分五裂，朝着不同方向迁徙。

其中一部分西迁到今天的新疆吐鲁番地区，被称为西州回鹘，成为维吾尔族的先祖；一部分继续西迁，在帕米尔高原西面建立黑汗王朝，被称为葱岭西回鹘；一部分迁徙到河西走廊，被称为河西回鹘，成为裕固族的先祖。

经典原文与译文

【原文】四年十月，回纥公主及使至自蕃，德宗御延喜门见之。时回纥可汗喜于和亲，其礼甚恭，上言："昔为兄弟，今为子婿，半子也。"……及使大首领等妻妾凡五十六妇人来迎可敦，凡遣人千余，纳聘马二千。——摘自《旧唐书·卷一百九十五》

【译文】贞元四年十月，回纥公主和使者从回纥前来，唐德宗亲临延喜门接见他们。当时回纥可汗对和亲感到欣喜，礼节非常恭敬，上奏说："从前是兄弟，现在是女婿，就是半个儿子了。"……并派遣大首领等人的妻妾共五十六名妇人来迎娶可敦咸安公主，共派来一千多人，进献两千匹马做聘礼。

词语积累

半子之谊：半子，半个儿子，指女婿；谊，情分。做女婿的情分。

不胜其弊：胜，承受；弊，弊端。由某事物产生的危害使人无法承受。

吐蕃列传

> 吐蕃（bō），青藏高原上的游牧民族。633年建立吐蕃王朝，842年灭亡，是我国西藏历史上第一个有明确记载的政权。《旧唐书·吐蕃列传》共两卷，主要记载吐蕃民族的兴起、吐蕃王朝的兴衰以及与唐朝的交往。

青藏高原上的"甥舅之邦"

吐蕃是藏族人民的祖先，在青藏高原上逐水草而居，住在毡制的帐篷里。他们英勇善战，以战死沙场为荣，以寿终正寝为耻。战死者的子孙受到部落成员的尊敬，临阵脱逃者则会受到唾弃。

吐蕃的君主称为赞普，松赞干布是吐蕃的第三十三任赞普。松赞干布十三岁时，一部分吐蕃贵族毒死了他的父亲，联合另两个强大的部落发动叛乱，占领了吐蕃大部分领地。松赞干布在叔叔和宰相的拥戴下成为赞普，很快杀死了杀父仇人，平定了叛乱。

633年，松赞干布将首都迁到逻些（今西藏自治区拉萨市），正式建立吐蕃王朝，并创制了藏文、法律和藏历。接着，吐蕃又征服了其他几个部落，统一了青藏高原，实力日益强大。

第二年，松赞干布派遣使者来唐朝觐见，唐太宗也派去使者抚慰吐蕃。松赞干布听说北方的突厥部和自己的近邻吐谷浑部都与唐朝和亲，便派遣使者带着大量财物随唐使入朝求婚。

当时唐朝刚与吐谷浑和亲，就拒绝了吐蕃。吐蕃使者没能完成使命，害怕松赞干布怪罪，谎称："臣到唐朝之初，皇帝待我很优厚，答应下嫁公主。不巧吐谷浑王也去觐见，在皇帝面前搬弄是非，把和亲搅黄了。"

松赞干布勃然大怒，联合其他部族攻打吐谷浑，吐谷浑王无力抵抗，逃到青海湖北岸。接着，松赞干布统兵二十万，开赴松州（今四川省松潘县）西面，宣称："如果唐朝不把公主嫁给我，我就要进犯。"唐太宗派遣名将侯君集率兵五万，将松赞干布打败。

松赞干布见识到唐朝的实力，撤退后派使者前来请罪，并再次求婚。这次唐太宗答应了他的请求，将一名宗室之

▲ 松赞干布迎娶文成公主

女册封为文成公主，嫁往吐蕃。

　　641年，松赞干布亲自赶到柏海（今青海省玛多县境内）迎娶文成公主。文成公主到达吐蕃后，松赞干布对近臣说："我的祖上没有与上国通婚的，如今能够娶大唐公主为妻，实在太荣幸了！我要为公主建一座城，用来夸耀后世。"于是下令修建了雄伟壮观的布达拉宫，共有一千间宫室。后来经过两次损毁、重建，规模更加宏大，至今还矗立在拉萨市西北的玛布日山上，被誉为"世界屋脊明珠"。

　　文成公主带去大量汉文典籍、能工巧匠和文士，极大地促进了吐蕃的文化发展。松赞干布十分倾慕中原文化，他脱掉毡裘，改穿唐朝服饰，并派吐蕃贵族子弟到唐都长安学习儒家经典。

此后，唐朝、吐蕃之间关系密切，唐高宗即位之初，松赞干布给顾命大臣长孙无忌写信说："天子刚刚即位，如果臣下敢有不忠之心，我一定带兵除掉他。"

650年，松赞干布去世，终年三十四岁。此后，吐蕃内部的主战派一度当权，与唐朝时战时和。

704年，第三十六任赞普赤德祖赞即位，年仅七岁。他的祖母临朝听政，派遣使者向唐朝求婚。唐中宗将一名宗室之女册封为金城公主，于710年嫁往吐蕃，赤德祖赞也为她修建了一座城。

前后两次和亲极大地促进了唐朝和吐蕃之间的文化交流，唐人有诗云："自从贵主和亲后，一半胡风似汉家。"可见吐蕃受唐朝风尚影响之大。

"安史之乱"爆发后，唐朝无暇西顾，吐蕃趁机进犯，一度占领长安。名将郭子仪动员关中军民，全力反击，吐蕃于十五天后撤退。此后，唐朝日渐衰落，吐蕃时常进犯边境。

为了制衡吐蕃，唐穆宗于821年将妹妹太和公主嫁往回纥（hé），通过和亲巩固了盟友关系，共同抵御吐蕃。

吐蕃赞普对此非常不满,立即派兵进犯唐朝边境,结果被打得大败而归。

战败后,吐蕃派使者入唐求和,双方签订了和盟。这份盟文后来刻成石碑,史称"唐蕃会盟碑"(也叫"甥舅会盟碑"),至今仍完好保存于拉萨大昭寺内,成为汉藏两族人民友谊的历史见证。

至此,唐朝与吐蕃之间的战事宣告结束,但是吐蕃王朝也走到了终点。842年,最后一任赞普朗达玛因为禁止佛教,被僧人暗杀。吐蕃王室为了争夺赞普之位分为两派,混战不休,接着爆发了农民起义,导致吐蕃王朝灭亡。

经典原文与译文

【原文】赞普等欣然请和,尽出贞观(guàn)以来前后敕(chì)书以示惟明等,令其重臣名悉猎随惟明等入朝,上表曰:"外甥是先皇帝舅宿亲,又蒙降金城公主,遂和同为一家,天下百姓,普皆安乐。……"——摘自《旧唐书·卷一百九十六上》

【译文】赞普等人高兴地请求议和,把唐太宗贞观年间以来朝廷前后颁赐的诏书全部拿出来,给唐朝使者皇甫惟明等人看,命令他的大臣名悉猎跟随皇甫惟明等人入朝觐见,上表说:"外甥我是先皇舅的旧亲,又蒙恩下嫁金城公主,于是唐蕃和睦同心,成为一家,天下百姓,全部安宁快乐。……"

同心戮(lù)力:同心,齐心;戮力,协力。指团结一心,共同努力。

转死沟壑(hè):转死,死去并抛尸;沟壑,沟渠。指弃尸于山沟水渠。

西戎列传

> 自古以来,华夏族居住在中原地区(今黄河流域),文化制度最为先进,为了让自己与四周的民族有所区分,便按照方位,分别称他们为东夷、南蛮、西戎、北狄。唐朝时的西戎,是对西域各部族的统称。西域,泛指玉门关、阳关以西的广大地区,狭义的西域指今新疆维吾尔自治区,广义的西域指中亚,甚至包括南亚。《西域传》始见于《汉书》,《旧唐书·西戎传》共一卷,记载中亚、南亚十四个国家的情况及与唐朝的交往。本书选取天竺、大食(yì)为代表。

● 戒日王朝的佛教圣地天竺

天竺是我国古代对印度次大陆国家的统称,包括今天的巴基斯坦、孟加拉国和印度。后来,高僧玄奘翻译为"印度"。

天竺是佛教的发源地,创始人释迦牟尼生活于公元前六世纪，与我国的孔子同时代。佛教于东汉时传入我国。

天竺在历史上建立过多个统一王朝。我国隋朝末年，天竺北部出现一位雄才大略的君主戒日王。戒日王原本是一位国王的弟弟，他的妹夫是另一个小国的国王。606年，戒日王的妹夫被邻国杀死，哥哥为替妹夫报仇战死沙场，戒日王临危受命，继承王位。六年后，戒日王将自己的国家和妹夫的国家合并起来，建立戒日王朝。经过长期的战争，戒日王终于为哥哥和妹夫报了仇，并统一了印度北部，实力日渐强大。

戒日王是一名湿婆神的崇拜者，晚年也笃信佛教，宗教政策极为宽容，因此佛教十分兴盛。627年，玄奘从长安出发，踏上"西天取经"的征途，后来进入佛教最高学府那烂陀寺（在今印度比哈尔邦境内）学习。那烂陀寺是一座历史悠久的佛寺，当时正值全盛时期，有上万名僧侣在寺中修行，住持戒贤法师已有百岁高龄。玄奘在那烂陀寺师从戒贤法师学习五年，取得大成，被推为十大高僧之一。

640年，戒日王亲自迎接玄奘到首都讲法，尊崇备至。见面之初，戒日王问："法师从哪国来？"玄奘说："从大唐国来，到贵国敬求佛法。"戒日王又问："听说大唐有一位秦王天子（指唐太宗），平定天下，连远方的邦国都向他称臣，百姓都传唱《秦王破阵乐》，我很久以前就听到过。他果真那么贤明吗？"玄奘告诉他确实如此。戒

▲ 戒日王亲自迎接玄奘到首都讲法

日王感叹说："有这样一位明君，是大唐百姓之福啊。"戒日王为玄奘举行了空前隆重的佛学大会。会后，戒日王又苦苦挽留玄奘，玄奘婉言拒绝。

第二年，戒日王派使者入唐觐见，唐太宗也派使者前来宣慰。戒日王欣喜地问大臣："自古以来，有中国使者来过我国吗？"大臣说没有。戒日王毕恭毕敬接受了太宗的诏书，再次派出使者到唐朝觐见纳贡。

647年，在位四十一年的戒日王去世，国内陷入混乱，有一位大臣趁机篡位，戒日王朝就此灭亡。第二年，唐朝使臣王玄策率领使团出使天竺，遭到篡位者的袭击，三十名使者全被俘虏，只有王玄策一个人逃脱。王玄策向吐蕃（今西藏自治区）和泥婆罗国（今尼泊尔）借兵八千，擒获了篡位者，押回长安。

此后，佛教在印度本土逐渐衰落，反而在中国日益兴盛，发展出很多流派，成为我国传统文化的重要组成部分，并传播到朝鲜、日本等国。

碰撞与交流并存的大食

大食是我国古代对阿拉伯帝国的称呼，位于阿拉伯半岛，境内以无法灌溉的草原和日渐沙漠化的高原为主。

大食是一个伊斯兰教国家。穆罕默德创建了伊斯兰教，后来逐步统一了阿拉伯半岛。穆罕默德去世后，他的岳父成为接班人，被尊称为哈里发。后三任接班人也是穆罕默德的近亲，合称"四大哈里发"。651年，当时唐高宗在位，第三任哈里发派使者来唐进贡，这是大食和唐朝正式交往的开始。此后，两国使节来往频繁。

唐玄宗即位之初，大食使者前来进贡马匹和镶金腰带，在觐见玄宗时拒绝下跪。监察官员认为应该治大食使者的不敬之罪，宰相张说（yuè）说："大食习俗与中国不同，他们慕义而来，不应该降罪。"唐玄宗接受了他的建议。

使者也向唐廷解释说:"按照我国习俗,只跪拜上天,觐见君主无须下跪。"

后来,大食的势力持续向东扩张,征服了很多原本臣服于唐朝的西域部族。751年,名将高仙芝带领三万多名骑兵远征,意在阻止大食继续东进。两军在怛(dá)逻斯城(今哈萨克斯坦江布尔州)遭遇,经过五天激战,高仙芝麾下一部分番兵叛变,最后以唐军失败而告终。

唐朝与大食在军事上的碰撞带来了文化上的交流。有些唐朝的造纸工匠被俘,大食人将他们留在中亚的撒马尔罕(今乌兹别克斯坦共和国撒马尔罕州)。这些工匠便在当地开起造纸作坊,撒马尔罕成为中国之外的第一个造纸中心,生产出来的纸被称为"撒马尔罕纸",经中亚销往欧洲,取代了原来的羊皮纸和埃及莎草纸。造纸术随之传遍欧洲。此外,中国的医术、火药、丝织技术也在唐朝时传入大食,大食的外科和眼科医术则传入唐朝。

大食和唐朝的商贸往来也十分频繁,商人们来往于海陆两条丝绸之路,将各种珍禽异兽、香料珠宝、服饰、音乐、舞蹈带到唐朝,又将唐朝的丝绸、瓷器、漆器等商品带回大食,再销往欧洲。当时,港口城市广州(今广东省广州市)早已成为高度国际化的贸易中心,是大食商人和中外货物的聚集地。到唐代中后期,"海上丝绸之路"逐渐取代了"陆上丝绸之路"。

经典原文与译文

【原文】贞观（guàn）十五年，尸罗逸多自称摩伽陀王，遣使朝贡，太宗降玺书慰问，尸罗逸多大惊，问诸国人曰："自古曾有摩诃震旦使人至吾国乎？"皆曰："未之有也。"乃膜拜而受诏书，因遣使朝贡。——摘自《旧唐书·卷一百九十八》

【译文】唐太宗贞观十五年，尸罗逸多自称摩伽陀王，派遣使者入朝进贡，唐太宗降下诏书慰问，尸罗逸多非常吃惊，问国人说："自古以来有过摩诃震旦（指中国）使者到我国吗？"国人都说："没有过。"尸罗逸多于是恭敬跪拜接受了诏书，并派使者入朝进贡。

近者悦，远者来：悦，高兴；来，归顺。只有先使境内的人欢愉无怨了，境外的人才会前来投奔。

东夷列传

> 东夷是我国古代对黄河流域下游,即东方各部落的通称,后来延展为对东北亚各民族、国家的统称,主要包括今天的朝鲜、韩国和日本。《东夷传》始见于《三国志》。《旧唐书·东夷传》共一卷,主要记载东北亚五个国家的情况以及与唐朝的交往。本书选取新罗和日本为代表。

● "君子之国"新罗

新罗位于朝鲜半岛。唐初的朝鲜半岛处于三国鼎立的局面,北边的国家叫高句丽(gōu lí),南边又分为东部的新罗和西部的百济两国。

642年,百济和高句丽合力进犯新罗,百济攻占了四十多座城池,高句丽也攻占了四座城池,切断了新罗入唐的道路,新罗向唐朝求援。唐太宗御驾亲征高句丽,取得一定胜利，但没有消灭它。

到唐高宗初年，百济再次进犯新罗，攻陷了四十多座城池。新罗国王停用自己的年号，奉唐朝的历法，用高宗的年号，派出子弟留在唐朝宫廷宿卫，充当人质，终于加强了与唐朝的关系。又向唐廷告急："敝国的重要城市全被百济吞并，岌岌可危。请上国下诏让百济归还这些地方，如果不遵从，就兴兵讨伐它。"

百济对唐高宗的要求置之不理，于是高宗派遣大将苏定方率兵十万，与新罗合力占领了百济全境。接着，唐军乘高句丽内乱之机，消灭了高句丽。唐军撤回后，新罗统一了朝鲜半岛。这也是朝鲜半岛第一次出现统一的国家政权。

此后，新罗一直和唐朝保持着友好往来，不但有很多商人来唐贸易，还派遣大量留学生学习唐朝先进文化、制度。

682年，新罗仿照唐朝设立国学，教授《周易》《尚书》《诗经》《左传》等儒家经典，作为选拔官员的考试内容。唐朝的天文、历法、诗歌、佛教也传入新罗。由于唐化程度非常彻底，新罗被称为"君子之国"。

此外，唐诗在新罗广为流传，涌现出很多用汉文写作的诗人、学者。崔致远是其中最负盛名的一位，被称为新罗汉文学的开山鼻祖。

崔致远出身于一个新罗贵族之家,十二岁来唐,临行前,父亲对他说:"你如果十年之内考不中进士,就不要说是我的儿子。去吧,勤奋学习,不可松懈!"崔致远牢记父亲的嘱咐,十八岁就考中进士,在唐朝任职。十年后,崔致远回到新罗,受到新罗国王的重用。

后来,新罗政治混乱,崔致远被一贬再贬,于是将大量精力投入文学创作,用汉语创作的诗文可以与唐人媲美。崔致远的作品收录在《桂苑笔耕集》中,不仅有很多优美的骈文和诗歌,而且具有很高的史学价值。

到了唐朝末年,新罗国内爆发了此起彼伏的内乱,再次分裂成为新罗、后高句丽、后百济三个国家。为了与唐朝初年的三国相区分,史称"后三国"。后来,后高句丽的一个将领发动兵变,自立为王,改国号为高丽。最后,高丽消灭了新罗、后百济,重新统一了朝鲜半岛。统一后的高丽也和中原王朝关系非常密切。

唐文化的膜拜者日本

日本与中国一衣带水,早在汉光武帝时就曾来朝进贡,获赐"汉倭奴国王"金印。

唐朝国力强盛，制度、文化先进，是中日交流的高峰期。日本前后十九次派出遣唐使到中国访问，人数最多的一次达到六百五十多人。

当时的航海技术不够发达，经常发生意外，但依然阻挡不住遣唐使来唐学习的热情。这些遣唐使当中，除了官员和技术人员外，还有为数众多的留学生和学问僧。

留学生中最著名的当属阿倍仲麻吕。阿倍仲麻吕于717年来唐，时年二十岁，取了一个汉名叫晁（cháo）衡。阿倍仲麻吕进入唐朝的最高学府太学深造，毕业后考中进士，入仕为官，不断升职，在玄宗朝最终担任秘书监（类似于国家图书馆馆长）。阿倍仲麻吕有很高的文学修养，酷爱诗歌，与大诗人李白、王维等人结为了挚友。

753年，阿倍仲麻吕请求回国，唐玄宗毫不介意他外国人的身份，特意任命他为唐朝回聘日本使节，以酬答他的功勋，王维等好友纷纷作诗送别。他们的船队遭遇海难，李白误以为他已经葬身鱼腹，满怀悲痛地写下《哭晁卿衡》一诗。

其实阿倍仲麻吕并没有死，他乘坐的船被风暴吹到了今天的越南。登陆后，大多数随行人员被当地土著杀死，阿倍仲麻吕侥幸活了下来，历尽艰险重新回到京城长安。

此后，阿倍仲麻吕在"安史之乱"中陪伴玄宗逃亡蜀地（今四川省），后来又获得肃宗、代宗的信任，先后担任安南节度使、御史中丞等高官，获封北海郡开国公的爵位。阿倍仲麻吕在唐朝五十四年，直到七十三岁病逝，安葬在长安。

来唐的学问僧最为著名的有八位，合称"入唐八家"。学习佛教天台宗的最澄和学习密宗的空海，回国后弘扬宗风，革命性地改变了日本佛教的局面，影响深远。

最澄还将中国的茶文化带到日本，深得日本天皇的喜爱，至今仍是日本文化的重要部分。空海则在书法方面取得了极高的造诣，成为日本平安时代（794—1192年）的"三笔"之一，被誉为"日本的王羲之"。

当时中日两国文化交流频繁，也有不少唐朝人东渡日本，最著名的当属高僧鉴真。鉴真应日本学问僧的邀请，赴日本宣讲佛法，结果连续东渡五次都没能到达。其间，鉴真双目失明，邀请他的学问僧也葬身海底。

754年，鉴真第六次东渡，终于成功到达日本。他不仅将佛教戒律传到日本，同时把佛寺建筑、佛像雕塑艺术介绍过去。保存至今的唐招提寺（在今日本奈良市境内）和寺内的卢舍那佛坐像，就是鉴真主持建造的。鉴真还精通医术，对日本的医学发展做出了重要贡献。

唐朝文化对日本的影响是全方位的。645年，日本

▲ 鉴真第六次东渡日本

以唐朝为典范进行"大化革新",废除了世袭的氏族等级制,确立了中央集权制,并创制年号。日本的朝廷礼仪、行政体制、经济制度、律法也都师法唐朝。此外,唐朝诗歌在日本广为流传,日本贵族模仿唐人创作汉诗蔚然成风。日本的服饰和风俗习惯,也随处可见唐文化的影响。

经典原文与译文

【原文】上谓璹(shú)曰:"新罗号为君子之国,颇知书记,有类中华。以卿学术,善与讲论,故选使充此。到彼宜阐扬经典,使知大国儒教之盛。"——摘自《旧唐书·卷一百九十九》

【译文】唐玄宗对邢璹说:"新罗号称是君子之国,很是知书,类似于中国。因为你学术精湛,擅长宣讲辩论,所以选你做使臣充当此任。到了那里应当宣扬儒家经典,让他们知道大国儒教的兴盛。"

词语积累

一衣带水:衣带,系衣服的带子,形容窄。像一条衣带那样狭窄的水。形容虽有江河湖海的阻隔,但距离不远,没有成为交往的阻碍。